好读又好用的

成语故事 1

晴川老师/主编

中国妇女出版社

图书在版编目（CIP）数据

好读又好用的成语故事．1 ／ 晴川老师主编．-- 北京 ：中国妇女出版社，2023.2
ISBN 978-7-5127-2233-0

Ⅰ．①好… Ⅱ．①晴… Ⅲ．①汉语－成语－故事－少儿读物 Ⅳ．①H136.31-49

中国版本图书馆CIP数据核字（2022）第253170号

责任编辑：李一之
装帧设计：云杉平面
责任印制：李志国

出版发行：中国妇女出版社
地　　址：北京市东城区史家胡同甲24号　　邮政编码：100010
电　　话：（010）65133160（发行部）　　65133161（邮购）
网　　址：www.womenbooks.cn
邮　　箱：zgfncbs@womenbooks.cn
法律顾问：北京市道可特律师事务所
经　　销：各地新华书店
印　　刷：艺通印刷（天津）有限公司

开　　本：165mm × 225mm　1/16
印　　张：8.5
字　　数：90千字
版　　次：2023年2月第1版　　2023年2月第1次印刷
定　　价：35.00元

如有印装错误，请与发行部联系

PREFACE 前言

成语就要这样学

成语是小学语文学习中非常重要的一部分。学习成语不仅能提高孩子的语言表达能力和写作能力，而且能帮助孩子获取历史文化知识，拓宽视野。学习成语，除了要理解成语的含义，更要知道如何应用。《好读又好用的成语故事》就是这样一套既让孩子知道成语的含义，又让孩子懂得如何应用的成语知识课外阅读书。

本套书借助《西游记》中唐僧师徒四人西天取经的故事框架，进行适当演绎，将成语巧妙地融入故事当中，并对成语进行释义、提供近义词和反义词，让小朋友们在阅读故事的同时，轻松自然地掌握这些成语的意义和应用。

《好读又好用的成语故事》共分为五册。

第一册的主题是“驯妖高手”，讲述了孙悟空的故事：从石猴诞生到拜师学艺，再到大闹天宫、被压在五行山下，最后凭借自己通天的本领，保护唐僧西天取经，被封为“斗战胜佛”。

第二册的主题是“王牌取经人”，讲述了唐僧的故事：唐僧自幼在寺庙中长大，在菩萨的指点下前往西天取经，路上收了孙悟空、猪八戒、沙悟净三个徒弟，历经八十一难才取得真经。

第三册的主题是“二师兄变形记”，讲述了猪八戒的故事：从天蓬元帅到错投猪胎，再到入赘高老庄、被人当成妖怪，最终被孙悟空降伏，拜唐僧为师，一起前往西天取经。

第四册的主题是“忍者小白龙”，讲述了白龙马的故事：他本是西海龙宫三太子，因触犯天条受到处罚，后经菩萨点化，变身为白龙马，载着唐僧去西天取经，最终修成正果。

第五册的主题是“白虎岭大冒险”，讲述了孙悟空三打白骨精的故事：白骨精为了吃唐僧肉，先后变换为俏姑娘、老婆婆、老公公的假身，全被孙悟空识破打死，唐僧却误会孙悟空滥杀无辜，将他赶回了花果山。最终，误会解除，师徒四人继续踏上取经之路。

取经之路，山高水长。学习成语也一样，要多看多读，慢慢积累。小朋友们，快跟着唐僧师徒一起，到“西游故事”中各显神通吧！

取经天团闪亮登场

唐僧

身份： 唐朝第一高僧

性格： 心比金坚、善良博爱

孙悟空

身份： 齐天大圣
唐僧的大徒弟

性格： 疾恶如仇、神通广大

猪八戒

身份： 天蓬元帅
唐僧的二徒弟

性格： 好吃懒做、憨厚可爱

沙悟净

身份： 卷帘大将
唐僧的三徒弟
性格： 忠厚老实、与世无争

白龙马

身份： 西海龙王三太子
唐僧的坐骑
性格： 沉稳、忠诚

故事开始啦！

CONTENTS 目录

第 1 课 石头缝里蹦出个美猴王

足智多谋 / 茂林修竹 / 欢呼雀跃
跃跃欲试 / 缩手缩脚 / 世外桃源
游山玩水 1

第 2 课 宝宝心里苦啊

活蹦乱跳 / 不由自主 / 号啕大哭
捶胸顿足 / 石破天惊 / 肝肠寸断
恋恋不舍 7

第 3 课 俺老孙有名字了

不远千里 / 落荒而逃 / 走南闯北
千辛万苦 / 喜上眉梢 / 仙风道骨
兴高采烈 13

第 4 课 什么都想学，这可怎么办

抓耳挠腮 / 手舞足蹈 / 脱口而出
勃然大怒 / 喜不自胜 / 蹑手蹑脚
无可奈何 19

第 5 课 去龙宫里挑选兵器

欢天喜地 / 左顾右盼 / 浩浩荡荡
青面獠牙 / 片甲不留 / 旗开得胜
光彩夺目 25

第 6 课
森罗殿就是我家后花园

满面春风 / 腾云驾雾 / 五湖四海
酩酊大醉 / 不知就里 / 恍然大悟
天翻地覆 31

第 7 课
当了个天上的官

大发雷霆 / 才高八斗 / 与众不同
正襟危坐 / 东张西望 / 手到擒来
怡然自得 37

第 8 课
请问，弼马温是几品官职

光阴似箭 / 日月如梭 / 犹豫不决
风驰电掣 / 一马当先 / 望尘莫及
甘拜下风 43

第 9 集
还是齐天大圣来得自在

滔滔不绝 / 智勇双全 / 喜出望外
闻风而至 / 春风得意 / 愤愤不平
心领神会 / 理所当然 49

第 10 课
蟠桃宴怎能不叫我，不厚道

火急火燎 / 决一雌雄 / 自告奋勇
苦不堪言 / 长生不老 / 怒发冲冠
山珍海味 / 琼浆玉液 55

第 11 课
天兵天将乌泱泱的一大片
杯盘狼藉 / 不翼而飞 / 杳无踪迹
胆大包天 / 水泄不通 / 心急如焚
溃不成军 61

第 12 课
你二郎神会变戏法，我也会
一臂之力 / 等闲之辈 / 单枪匹马
难解难分 / 声东击西 / 摇身一变
灵机一动 67

第 13 课
耍“酷”耍到天上去了
咬牙切齿 / 三番五次 / 震耳欲聋
焦头烂额 / 鸡犬不宁 / 目中无人
大放厥词 73

第 14 课
如来佛的手心
无影无踪 / 心服口服 / 前思后想
难以置信 / 瞠目结舌 / 度日如年
悲痛欲绝 / 泪如雨下 79

第 15 课
师父，快来救救我
白驹过隙 / 民不聊生 / 德高望重
神通广大 / 跋山涉水 / 飞沙走石
魂飞魄散 85

第 16 课

摘不下来的金箍

荒无人烟／狂妄自大／苦口婆心
垂头丧气／执迷不悟／肺腑之言
死心塌地

91

第 17 课

大水冲了龙王庙

前因后果／老实巴交／风平浪静
仪表堂堂／神出鬼没／鱼目混珠
守株待兔

97

第 18 课

五庄观偷吃人参果

餐风宿露／战战兢兢／囫囵吞枣
隔墙有耳／道貌岸然／鸡鸣狗盗
东窗事发

103

第 19 课

他是假的，我才是真的

翻山越岭／逃之夭夭／冷嘲热讽
大吃一惊／如出一辙／面面相觑
异口同声

109

第 20 课

斗战胜佛是怎样炼成的

喜之不胜／笑容可掬／热泪盈眶
忍俊不禁／津津有味／五体投地
安居乐业

115

“趣味练练练”参考答案／121

第 1 课

石头缝里蹦出个美猴王

足智多谋

茂林修竹

欢呼雀跃

跃跃欲试

缩手缩脚

世外桃源

游山玩水

成语故事汇

传说在很久很久以前，东胜神洲有个傲来国，这傲来国靠近大海，海中有一座花果山。花果山的山顶上有一块巨大的仙石，这块仙石有三丈六尺五寸高，二丈四尺围圆。不知过了多少年，这块仙石吸收天地真气、日月精华，渐渐孕育了生灵。

一天，仙石突然崩裂开，一道白光闪过，从里面滚出一个石球，经风一吹，竟然化成一个石猴。

这石猴**足智多谋**①，果敢仗义。他在山中行走、奔跑，吃草木、果子，喝泉水，采野花，白天在山间嬉戏，晚上在石崖下睡觉。

①足智多谋

足：充足。很有智谋，善于策划。

近义词：好谋善断

反义词：一筹莫展

一天，石猴和其他几只猴子在溪水里洗澡，众猴道："这溪水是从哪里来的？不如咱们去找找水源吧！"他们顺着溪水往上走，很快就找到了源头。

只见山壁间悬挂着一道瀑布飞泉。一只猴子叫起来："谁要是敢钻进这瀑布，以后群猴就归他管，大家都对他俯首称臣。"众猴子连声答应，却没一个敢上前一试。那石猴站了出来，说："我来试试！"说完，他一个箭步跳入瀑布。

石猴睁眼抬头观看，发现自己不在水流当中，而是在一座铁板桥上。他环顾四周，只见这里**茂林修竹**[②]，青松挺拔，各式家当一应俱全，正当中的石碣上还写着一副对联：花果山福地，水帘洞洞天。

石猴跳出瀑布，把里面的情况告诉众猴，提议众猴一起在里面居住。大家听了顿时**欢呼雀跃**[③]，**跃跃欲试**[④]。石猴一声号令，带着大家跳入瀑布，胆大的一下子就钻了进去，胆小的**缩手缩脚**[⑤]，犹豫再三也钻了进去。

石猴爬上高台大喝一声："刚才有人说谁敢钻进这瀑布谁就是群猴的大王，我不仅

②茂林修竹

茂：草木繁盛。修：长。茂盛的树林，修长的竹子。形容优美的环境。

近义词：茂林深篁

③欢呼雀跃

欢呼：高兴地呼喊。雀跃：像麻雀一样跳跃着。形容十分欢乐的情景。

近义词：欢蹦乱跳

反义词：闷闷不乐

④跃跃欲试

跃跃：急于要动的样子。形容迫不及待地想试一下。

近义词：摩拳擦掌

反义词：韬光养晦

⑤缩手缩脚

形容因寒冷而四肢蜷缩。常形容胆小而不敢放手做事。

近义词：畏首畏尾

反义词：敢作敢为

做到了，还给大伙找到这么一个**世外桃源**[6]，大家是不是该说话算数？”众猴觉得他说得有道理，都跪地称他为大王。

此后，石猴成了群猴的首领，自称“美猴王”，每天带着小猴们**游山玩水**[7]，日子过得很是快活。

⑥世外桃源

原指一个与世隔绝、不遭战祸的安乐而美好的理想社会。后用以比喻不受外界影响、生活安乐而环境幽美的理想之地。

近义词：洞天福地

反义词：人间地狱

⑦游山玩水

游览、观赏山水风景。

近义词：登山临水

趣味练练练

成语接龙

根据图意，完成下面的成语接龙。

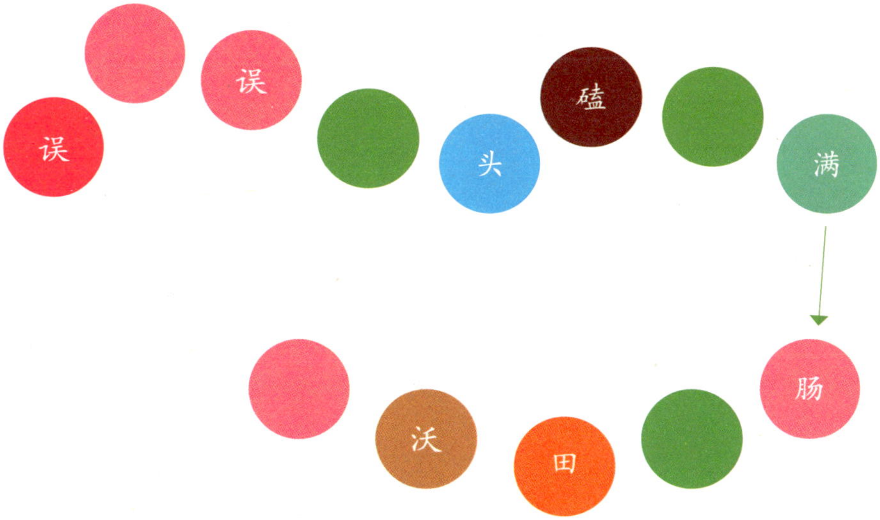

成语连连看

从左上角开始，沿箭头方向将下面的成语接龙补充完整。

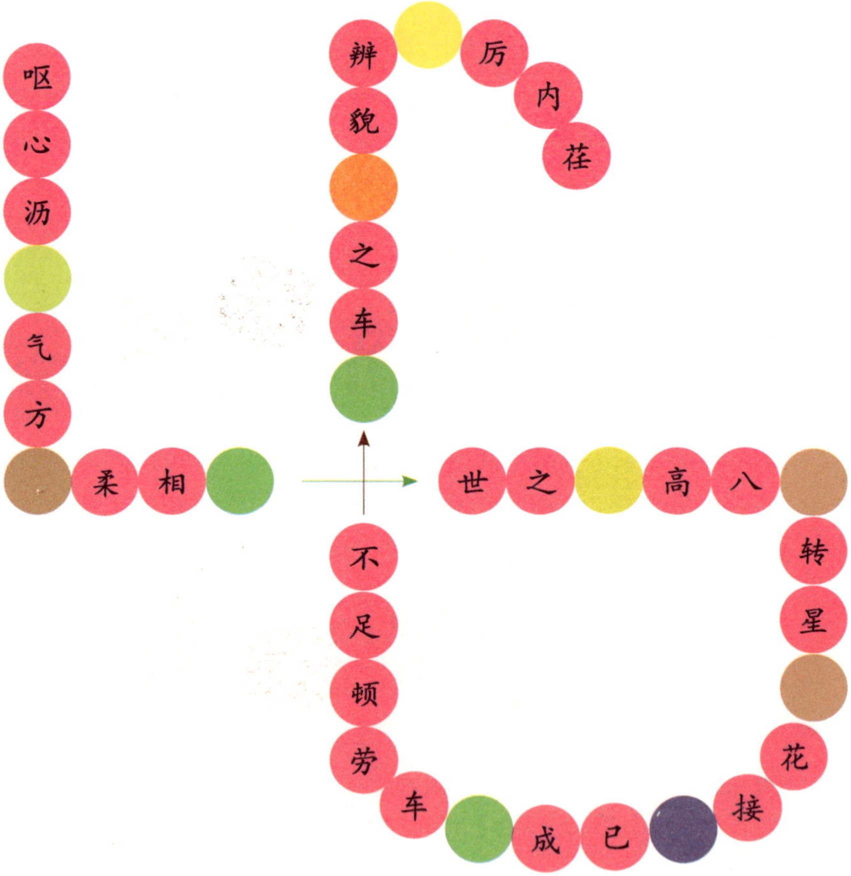

第 2 课

宝宝心里苦啊

活蹦乱跳

不由自主

号啕大哭

捶胸顿足

石破天惊

肝肠寸断

恋恋不舍

成语故事汇

话说美猴王和众猴在水帘洞中吃喝玩闹，大家每天的生活就是荡荡秋千、捉捉虱子、吹吹牛皮，日子过得那叫一个逍遥自在。

时间如流水般飞逝。有一天，美猴王大摆筵席，款待众猴。看着下面**活蹦乱跳**[①]的猴子们，美猴王感慨不已。自从石头里出来之后，不知道爹妈是谁，一直过着没爹疼没娘爱的日子，也不知道自己能活多久。美猴王越想越伤心，**不由自主**[②]地流下了泪水。

原本还在上蹿下跳的众猴突然愣住了，大家不知所措。大王这是怎么了？猴子棒棒捅捅身边的小猴子锤锤，问：“咋了这是，

①活蹦乱跳

活泼、生动，蹦蹦跳跳的样子。

近义词：欢蹦乱跳

反义词：死气沉沉

②不由自主

由不得自己做主。指自己控制不住自己。

近义词：身不由己

反义词：自力更生

大王刚刚不是还好好的吗？”锤锤小声道：“大王伤心啊！”棒棒听了丈二和尚摸不着头脑，又问道：“好端端的，大王怎么突然伤心了？”旁边的老猴子馊馊（因为不爱洗澡，身上老有一股馊味，因此而得名）敲了一下两只小猴子的脑袋，说：“真是两个棒槌，这都不明白……”馊馊的话被花果山最好看的猴子山花打断了：“大王，您是有什么烦心事吗？”美猴王抹了一把眼泪，说道：“和大家一起生活真的很开心。可是，每天眼睛一闭、一睁，日渐老去，怎能让人不伤心。”众猴一听，也悲从中来，**号啕大哭**③，一个个**捶胸顿足**④，真个是**石破天惊**⑤。

正在大家哭得**肝肠寸断**⑥时，一长臂猴说：“大王，何不去向神、佛、仙三道求教，学一个长生不老之法。”美猴王一拍大腿：“对呀，我怎么没想到。明天就出发，一定要学会长生不老之法。”众猴子一听，马上准备起来。出门在外，盘缠、食物可不能少，再怎么样也不能委屈了大王。

第二天，美猴王喝过大家为自己准备的饯行酒就上路了。众猴子一路相送，美猴王

③号啕大哭

号：大声哭。形容放声大哭。

近义词：痛哭流涕

反义词：捧腹大笑

④捶胸顿足

用拳头捶打胸膛，用脚跺地。形容非常懊悔或悲伤的样子。

近义词：跌脚捶胸

反义词：欢天喜地

⑤石破天惊

原形容箜篌（古乐器）的乐声高昂激越，有惊天动地之势。后常用来比喻事态发展或文章议论出人意料。

近义词：惊天动地

反义词：默默无闻

⑥肝肠寸断

形容极其悲伤、难受。

近义词：心如刀割

反义词：心花怒放

道："就送到这里，都回吧。"大家**恋恋不舍**⑦，吸着鼻涕、抹着眼泪，叮嘱道："大王，外面不比家里，您可要保重呀。要是实在找不到地方就回来。"美猴王压下心头的酸涩，挥了挥手，踏上了求仙之路。

⑦恋恋不舍

恋恋：留恋，爱恋。非常留恋，舍不得离开。
近义词：依依不舍
反义词：掉头不顾

趣味练练

成语接龙

根据图意，完成下面的成语接龙。

		旦	
黄		在	阳
腾	知		西
	人		

成语连连看

根据图意，完成下面的成语，使它们相连成线。

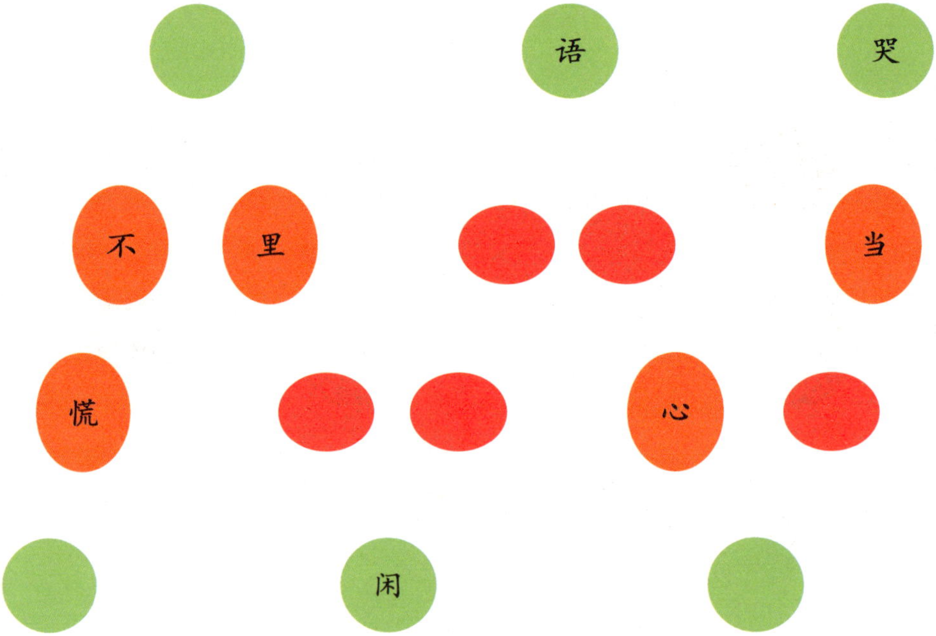

第 3 课

俺老孙有名字了

不远千里

落荒而逃

走南闯北

千辛万苦

喜上眉梢

仙风道骨

兴高采烈

成语故事汇

话说美猴王离开花果山，**不远千里**①，寻找神仙去了。很快，他就到了南赡部洲。见人们个个都穿着衣服，他新奇万分，就弄个把戏，将人吓得**落荒而逃**②。他拿住其中一个人，剥了那人的衣服穿在自己身上。一路上，美猴王学人的礼仪，学人说话，四处寻师访道，漂泊了八九年。后来，他**走南闯北**③，历经**千辛万苦**④，终于找到了一位人称菩提祖师的神仙。

这天，美猴王来到菩提祖师居住的斜月三星洞门前，见洞门紧闭，只好跳上树摘些果子边吃边等。一会儿，洞门打开，走出一

①不远千里

不远：不以为远。不以千里为远。形容不怕路途遥远。

近义词：千里迢迢

反义词：近在咫尺

②落荒而逃

逃离战场或大道，向荒野逃跑。形容战败后仓皇逃命。

近义词：望风而逃

反义词：乘胜逐北

③走南闯北

形容到过很多地方，见多识广。

近义词：南来北往

反义词：足不出户

④千辛万苦

形容极多、极大的艰难辛苦。

近义词：含辛茹苦

反义词：养尊处优

个仙童，见树上有只猴子，便招呼道：“师父说门外来了个学修行的人，让我出来接待，想必就是你了，跟我进去吧。”

美猴王听了**喜上眉梢**⑤，三跳两蹦地跟着仙童进去了。进到洞中，只见一个**仙风道骨**⑥的老神仙端坐台上，想必这就是菩提祖师了。美猴王急忙跪倒在地直磕响头。菩提祖师瞧见拜见者是只猴子，便问道：“你姓甚名谁，家在何处？”美猴王诚恳地回答说：“我本是天地生的石猴，没爹没娘，也没有姓名。我家住在东胜神洲傲来国花果山，此行只想拜您为师学本领。”

⑤喜上眉梢

形容眉宇间流露出喜悦的神情。

近义词：眉开眼笑

反义词：愁眉不展

⑥仙风道骨

有仙人的风度，得道者的气质。形容人的风度神采潇洒脱俗。也形容书法飘逸、洒脱的气韵。

反义词：凡夫俗子

岂料菩提祖师听了大手一挥，说道：“来人，把他给我轰出去！”两边的仙童听了，拉着美猴王就往外走。美猴王挣扎着大声喊道：“放开我，祖师为何不肯收我？”菩提祖师一挥拂尘道：“东胜神洲远在千里之外，你如何来到此地？我不收说谎的徒儿。”美猴王听了，挣脱两个仙童的束缚，跪在地上说：“弟子四处寻访，这才得知这里有仙人居住，便乘木筏漂洋过海到此，弟子的话句句属实啊。”

菩提祖师见这猴子如此诚恳，想来说的不是假话，决定收他为徒。想到这猴子没名没姓，便说："你是天地生成的石猴，举止也像个猢狲，便把兽旁去了，以后你就姓孙吧。我的徒弟排到你是'悟'字辈，你就叫悟空吧。"美猴王听了**兴高采烈**⑦，欢喜地喊道："悟空，孙悟空。太好了，我有名字了！我有名字了！"

从此，悟空就住进了斜月三星洞，跟随师兄们一起坐禅、学习，每天听师父讲经论道。

⑦兴高采烈

兴：兴致。形容兴致很高，情绪热烈。

近义词：兴致勃勃

反义词：无精打采

趣味练练练

选字补成语

请选用“山”“河”二字将下列成语补充完整。

山　河

湖	光		色	名		大	川
海	誓		盟	刀		火	海
气	吞			荒		野	岭
	清	水	秀	大	好		
排		倒	海	恩	重	如	
江		日	下	血	流	成	

近义词连线

将下列意思相近的成语连线。

花容月貌	形形色色
花团锦簇	闭月羞花
繁花似锦	时过境迁
五花八门	张灯结彩
火树银花	花前月下
风花雪月	万紫千红
明日黄花	姹紫嫣红

第 4 课

什么都想学，这可怎么办

抓耳挠腮

手舞足蹈

脱口而出

勃然大怒

喜不自胜

蹑手蹑脚

无可奈何

成语故事汇

话说悟空拜菩提祖师为师后，每天听师父讲经论道，转眼六七年过去了。这一天，菩提祖师又把弟子们召集起来，给他们开讲大道。不一会儿，悟空就坐不住了，一会儿**抓耳挠腮**①，一会儿**手舞足蹈**②。祖师呵斥道：“悟空，你在干什么？”悟空听了赶紧坐好，答道：“弟子听到妙处，忍不住手舞足蹈起来。”祖师自知这泼猴顽劣不堪，难以管教，只好作罢。

祖师问悟空：“你来这里多久了？”悟空说：“弟子不知年月，只记得那山上的桃花开了七次，又谢了七次，那果子也被我吃

①抓耳挠腮

抓耳朵，挠腮帮子。形容焦急、苦恼或忙乱时无计可施的样子。也形容高兴的样子。

近义词：手舞足蹈

反义词：泰然自若

②手舞足蹈

蹈：跳动。由于兴奋、高兴，手脚都舞动起来。形容高兴到了极点。

近义词：欢天喜地

反义词：闷闷不乐

了七回了。”祖师说：“你来这里七年了，可想学什么本领？”悟空**脱口而出**[3]道：“弟子想学长生不老之术！”祖师思量再三，说道：“我教你求神问卜的本事，如何？”悟空问：“能长生不老吗？”祖师摇头说：“不能。”悟空道：“不学，不学。”祖师问：“那我教你打坐参禅，如何？”悟空问：“能长生不老吗？”祖师说：“不能。”悟空道：“不学，不学。”祖师又说：“我教你炼制丹药的本事，你可愿学？”悟空问：“能长生不老吗？”祖师依旧摇头。悟空摆着手说：“不学，不学。”

祖师**勃然大怒**[4]，呵斥道：“你这泼猴，这也不学，那也不学，该打！”说完，用戒尺在悟空脑袋上敲了三下，拂袖离开了。一旁的师兄小声埋怨悟空不该得罪师父，可悟空却**喜不自胜**[5]，因为他明白了师父的暗示。

当晚三更时分，悟空**蹑手蹑脚**[6]地来到祖师的禅房。祖师道：“你来我这里做什么？”悟空说：“师父用戒尺打了我三下，是叫我三更天悄悄来找您。”祖师见悟空悟性颇高，便把长生不老术传授给他。从此，

③脱口而出

形容说话随便，不假思索就说出，或记忆牢固、不假思索就能背诵出来。

近义词：冲口而出

反义词：守口如瓶

④勃然大怒

勃然：生气时脸变色的样子。形容人大怒的样子。

近义词：怒发冲冠

反义词：欣喜若狂

⑤喜不自胜

胜：能承受。高兴得自己都受不了。形容喜悦到了极点。

近义词：乐不可支

反义词：怒不可遏

⑥蹑手蹑脚

蹑：放轻脚步。形容走路时脚步放得很轻。

近义词：轻手轻脚

反义词：大模大样

悟空勤学苦练，三年后修道功成。祖师又把七十二般变化和筋斗云传授给悟空。

一天，悟空在祖师面前卖弄自己的本事，祖师便对悟空说道："如今你学有所成，从哪儿来的回哪儿去吧。"悟空**无可奈何**⑦，只好辞别师父，驾着筋斗云，跨过山川河流，飞向花果山。不消一个时辰，他就回到了花果山水帘洞。悟空大声喊道："孩儿们，俺老孙回来了！"

⑦无可奈何

奈何：怎么，怎么办。指没有办法。

近义词：迫不得已

趣味练练练

成语接龙

根据图意，完成下面的成语接龙。

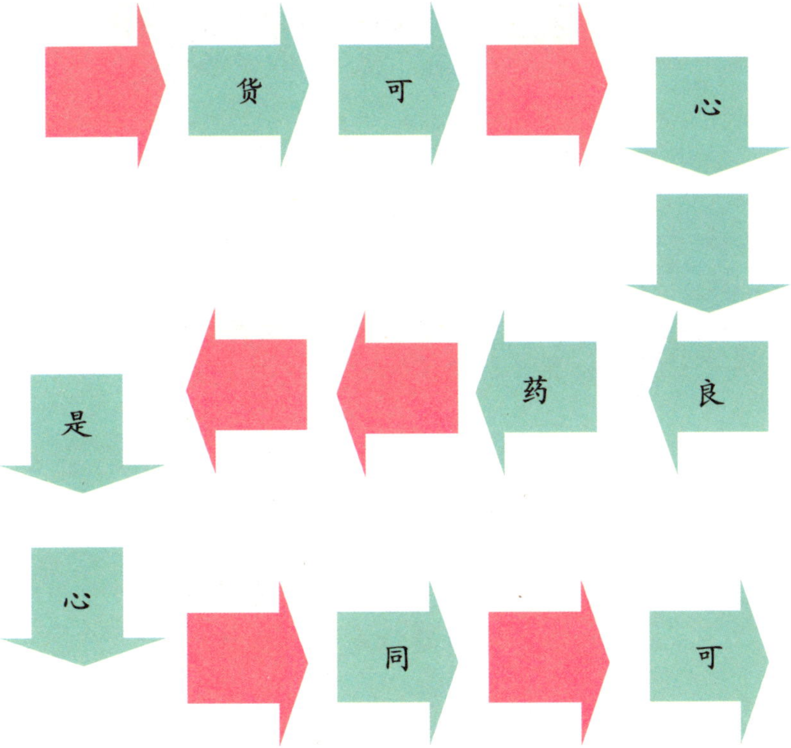

根据成语猜相关名人

冯	谖	管	仲	庖	丁	韩安国
赵	高	祖	逖	谢	玄	李商隐
岳	飞	项	羽	匡	衡	孟尝君

目无全牛	老马识途	首鼠两端
________	________	________
闻鸡起舞	风声鹤唳	心有灵犀
________	________	________
痛饮黄龙	狡兔三窟	沐猴而冠
________	________	________
鸡鸣狗盗	凿壁偷光	指鹿为马
________	________	________

第 5 课

去龙宫里挑选兵器

欢天喜地

左顾右盼

浩浩荡荡

青面獠牙

片甲不留

旗开得胜

光彩夺目

成语故事汇

悟空回到花果山，众猴**欢天喜地**[①]地簇拥着他。猴子棒棒说：“大王总算学成归来，大家都盼着您呢！”悟空翻了个跟头，跃上数米高的岩石，大笑道：“孩儿们，我此行不仅学到了本领，师父还给我赐了姓名——孙悟空。”众猴欢呼雀跃，连声道：“大王姓孙，以后我们也跟着姓孙。”

悟空**左顾右盼**[②]，瞧见老猴馊馊似有难言之隐，便问道：“馊馊，我此去大家都还好吗？”馊馊叹了口气，说道：“不瞒大王，自从您求学去了，这山上就来了一伙儿妖怪，他们强占洞穴，欺负我们，不少小猴子

①欢天喜地

形容十分高兴。

近义词：欢喜若狂

反义词：愁眉苦脸

②左顾右盼

顾：回头看。盼：看。左看看，右看看。形容得意、犹豫、仔细观察等神态。

近义词：东张西望

反义词：目不斜视

都被他们打伤了，大王要给我们做主啊！”

悟空听了，顿时心里燃起熊熊怒火，吼道：“他是吃了熊心豹子胆，竟敢在花果山动粗！”说完，悟空驾着筋斗云冲了出去，又拔下一撮猴毛，变化出千百只猴子，**浩浩荡荡**③地冲上山头。悟空定睛一看，对面山头上站着一个**青面獠牙**④的混世魔王。悟空二话不说，率领众猴把那群妖怪杀了个**片甲不留**⑤。

老猴馊馊得知大王**旗开得胜**⑥，率领众猴夹道欢迎。悟空说：“为防以后再有妖怪来犯，咱们要操练武艺。只是咱们手上没有顺手的兵器，这该怎么办？”馊馊说：“大王，听闻东面二百里的傲来国有许多兵器。”

悟空大手一挥，那些猴毛变化的猴兵便奔去了傲来国。不多时，猴兵们就把武器搬了回来。悟空见这些只是寻常兵刃，问众猴：“不知哪里有更好的兵器？”馊馊又献计说：“东海龙宫里有很多宝贝，大王何不去讨一件回来？”

悟空听了非常高兴，使了法术进入东海

③浩浩荡荡

原形容水势汹涌浩大。后多形容声势雄壮，规模宏大。

近义词：汹涌澎湃

反义词：无声无息

④青面獠牙

青面：泛青色的脸。獠牙：露在嘴外面的长牙。形容面貌凶恶。

近义词：张牙舞爪

反义词：慈眉善目

⑤片甲不留

甲：古代将士打仗时穿的护身铠甲。代指将士。形容惨遭失败，全军覆没。

近义词：全军覆没

反义词：大获全胜

⑥旗开得胜

军旗一展开战斗就取得了胜利。比喻事情进展得很顺利，刚一开始做就取得了成功。

近义词：马到成功

反义词：出师不利

海底。东海龙王得知是美猴王大驾光临，前来迎接。悟空向龙王说明来意，龙王毫不吝啬，带悟空进了兵器库房。那重达百余斤的大刀、枪戟，悟空用得都不顺手。就在这时，悟空看见一根**光彩夺目**⑦的铁柱子，嘟囔道："要是这宝物再短些、再细些就好了。"话音刚落，那宝物竟变成了适合悟空的大小。悟空非常高兴，见那宝物上刻着"如意金箍棒"，便讨要了这件兵器，又要了一身披挂回到了水帘洞。

⑦光彩夺目

夺目：耀眼。形容光彩鲜艳耀目。

近义词：光辉灿烂

反义词：黯淡无光

趣味练练练

成语判断题

根据句意，判断下列成语用法的正误。

1. 警察在调查案件时非常谨慎，为的就是不打草惊蛇。（ ）

2. 我非常喜欢草长莺飞的江南风光。（ ）

3. 看这天郁郁葱葱的，是要下雨的节奏啊！（ ）

4. 来到田地里，看到满目的丰草长林，我的心情舒畅极了。（ ）

5. 春天来了，大草原上一派欣欣向荣的景象。（ ）

6. 我家墙壁上长满了爬山虎，真是绿草如茵啊！（ ）

7. 小方是个十分机警的人，一有风吹草动，他就会察觉到。（ ）

8. 拔苗助长的做法是愚蠢的，是不可取的。（ ）

9. 爸爸让我去院子里斩草除根，我不想去，那活儿太累了。（ ）

10. 对于别人的大恩，我们是不是要结草衔环呢？（ ）

填数字猜成语

用数字将成语补充完整。

勇	冠		军		约	法		章
身	怀		甲			擒		纵
接		连				湖		海
南	柯		梦		入	木		分
	人	成	虎			仙	过	海
	八	佳	人			面	楚	歌

第 6 课

森罗殿就是我家后花园

满面春风

腾云驾雾

五湖四海

酩酊大醉

不知就里

恍然大悟

天翻地覆

成语故事汇

悟空回到水帘洞，众猴见他浑身金灿灿的，齐声喝彩。悟空**满面春风**[①]，跳上猴王宝座，把金箍棒立在地上，大声道："这金箍棒重一万三千五百斤，是东海龙宫的宝贝，它能变大变小。你们都站远些，我叫它变给你们看！"

在悟空的号令下，金箍棒一会儿变得高达万丈，一会儿又变成绣花针大小，让众猴大开眼界。悟空叫来馊馊、棒棒、锤锤等，封他们为花果山健将，把山上的一切杂事都交给他们处理。此后，悟空每天**腾云驾雾**[②]，逛遍**五湖四海**[③]，四处结朋交友，和牛魔王

①满面春风

春风拂面，温暖宜人。原形容春天的美景，后用来比喻满面愉快、和蔼、得意的表情。

近义词：喜形于色

反义词：愁眉不展

②腾云驾雾

升上云端，驾起云雾，在天空行走。也形容行走速度极快或晕头转向。

近义词：风驰电掣

③五湖四海

多指全国各地。有时也指世界各地。

近义词：四面八方

几人拜了把子成了兄弟，日子过得十分惬意。

这天，悟空在水帘洞大摆酒宴，邀请牛魔王等几个兄弟喝酒作乐。酒过三巡，大家喝得**酩酊大醉**④，悟空倚在石头上睡着了。睡梦中，有两个拿着批文的小鬼来捉他，批文上写着“孙悟空”三个字。悟空**不知就里**⑤，跟着两个小鬼一道去了。

两个小鬼把悟空带到一座城楼下，悟空抬头一看，只见那城楼上赫然写着“幽冥界”三个大字。他**恍然大悟**⑥：原来自己到了冥界！悟空心有不悦，怒问道：“你们把我带到这儿来干什么？”

两个小鬼说：“你的阳寿到了，我们奉命来抓你。”悟空认为自己学了长生不老术，冥王管不了他，就恼怒起来，从耳朵里掏出如意金箍棒，把森罗殿搅得**天翻地覆**⑦。冥王见悟空把自己的地府搅乱了，就拿来生死簿（记录人生死的册子，这是民间传说中一种迷信的说法，现实中并不存在。——编者注）给悟空瞧，说：“猴王，不要打啦，你的阳寿已经到头了，不信你自己来看啊！”

④酩酊大醉

酩酊：醉得迷迷糊糊的样子。形容喝酒醉得一塌糊涂。

近义词：烂醉如泥

⑤不知就里

就里：内情。指不知道内幕、内情。

近义词：不明就里

反义词：洞若观火

⑥恍然大悟

恍然：猛然清醒的样子。悟：明白。顿时醒悟过来。

近义词：豁然开朗

反义词：百思不解

⑦天翻地覆

形容变化极大或闹得很凶。

近义词：翻江倒海

反义词：一成不变

悟空跳到冥王身边，一把夺过生死簿翻看了几页，见簿子上确实写着自己的名字，还有馊馊、棒棒等众猴孙的名字，顿时心惊肉跳，心想：我不能眼睁睁地看着猴孙们被小鬼带走。说时迟那时快，悟空把有关猴子的那些名字都用笔抹掉了，而后摔下簿子，说：“了账，了账！以后我们不归你管了。”说完，他挥舞着金箍棒打出了森罗殿。冥王奈何他不得，心里有苦难言，只好把这件事启奏天庭。

趣味练练

填数字补成语

选用数字将成语补充完整。

	室	九	空		阳	开	泰
莫	衷		是		步	之	才
	面	三	刀		面	受	敌
	合	之	内	九	九	归	
九		之	尊		拿	九	稳
三	言		语	进	退		难
四	分		裂		彩	斑	斓

成语顺时针

从上方顶点的"人"字开始，按顺时针方向将成语补充完整。

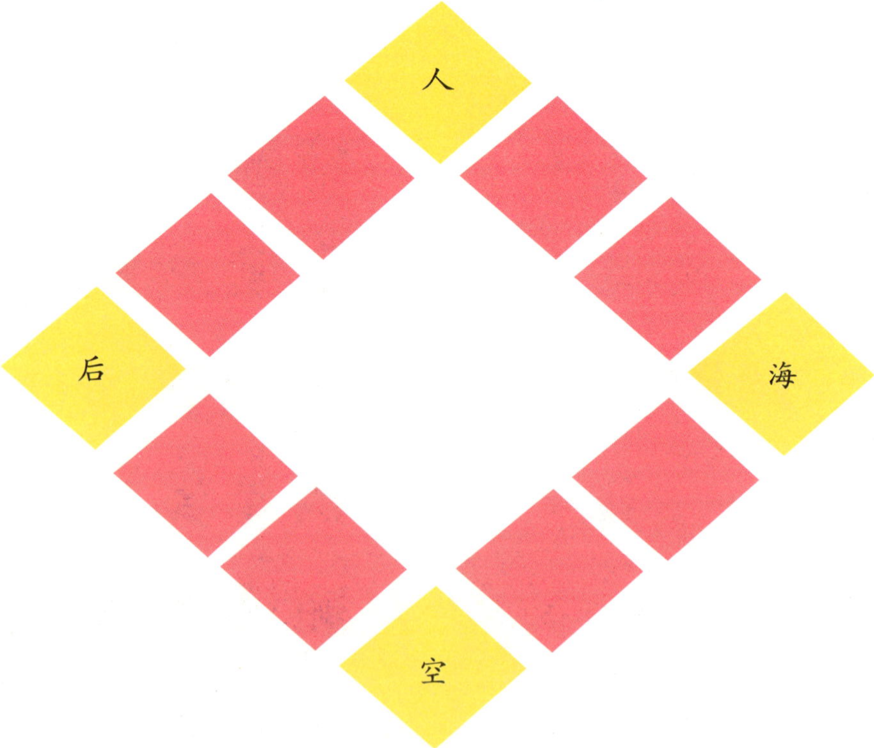

第 7 课

当了个天上的官

大发雷霆

才高八斗

与众不同

正襟危坐

东张西望

手到擒来

怡然自得

成语故事汇

冥王一纸诉状把悟空告上了天庭，玉帝听了**大发雷霆**①，对众仙说：“我从没见过这么猖狂的妖猴，哪路神将愿意请缨把他捉上来？”太白金星捋了捋半米长的白胡子，启奏道：“这泼猴已经成了仙，要想控制他，玉帝不如把他召上天庭，再封个一官半职，省得他祸害民间！”

当天，玉帝下了一道圣旨，让太白金星下凡去请悟空。此时，悟空正在花果山和小猴们一起操练，见天上出现一个白胡子老头儿，大声喊道：“你是何人？来我这花果山做什么？”太白金星说：“我是

①大发雷霆

霆：极响的雷。比喻大发脾气，高声训斥。
近义词：暴跳如雷
反义词：和风细雨

②才高八斗

才：文才，才华。形容人极有才华。

近义词：才华横溢

反义词：江郎才尽

③与众不同

跟众人不一样。

近义词：不同凡响

反义词：司空见惯

天上的神仙，玉帝听说你**才高八斗**②，特地让我请你到天上当官。”悟空非常高兴，让馊馊照顾好猴孙们，自己翻了个筋斗上天庭去了。

虽然太白金星和悟空同一时间驾云飞天，可那筋斗云**与众不同**③，只是眨眼的工夫，悟空就把太白金星撇在了身后。到了南天门，悟空正准备进去，却被南天门的守卫拦了下来。悟空从耳朵里掏出金箍棒正准备大打出手，这时，太白金星喘着粗气赶上来叫道：“大王，等一等，万万不能动手啊！”

悟空轻哼一声，收起金箍棒说：“你这

小老儿竟然骗我。既然请俺老孙到这天上做官，怎么这些天兵不让我进去？”太白金星笑着说：“大王，你现在还没被封官，这些天兵不认识你，等你封了官，他们就不敢拦你啦。”随后，两人一前一后走进南天门。

到了灵霄宝殿，悟空瞧什么都觉得新鲜，一会儿扯扯众仙的官衣，一会儿又动手捅捅众仙的官帽。众仙面色沉重，没有一个人说话，悟空玩得就更高兴了。

玉帝**正襟危坐**④，瞧见台下那只泼猴**东张西望**⑤、毫无规矩，心中很不高兴，说：“你就是孙悟空？”悟空说：“正是俺老孙！”玉帝瞧他举手投足粗俗鄙陋，就封他当了弼马温，让木德星君带他上任去了。

悟空兴高采烈地来到御马监照看天庭千匹天马。悟空虽然第一次当官，但照顾天马也是**手到擒来**⑥，天马被他养得膘肥体壮。每天除了照顾天马，悟空就和其他仙官喝酒嬉闹，在天上过得**怡然自得**⑦。

④正襟危坐

襟：衣襟。危坐：端正地坐着。整理好衣服，端正地坐着。形容严肃或拘谨的样子。

近义词：整衣敛容

反义词：摇头晃脑

⑤东张西望

四处张望或有所期待地向四周寻找察看。

近义词：左顾右盼

反义词：目不转睛

⑥手到擒来

形容做事毫不费力或很有把握。

近义词：易如反掌

反义词：大海捞针

⑦怡然自得

怡然：安适、愉快的样子。形容和悦而满足的样子。

近义词：超然自得

反义词：怅然若失

趣味练练

成语接龙

按箭头指示方向完成成语接龙。

点			金
			↓
革			戈
↓			
裹			素
			↓
露			餐

成语大排队

从左下方开始，依次将下面的成语补充完整。

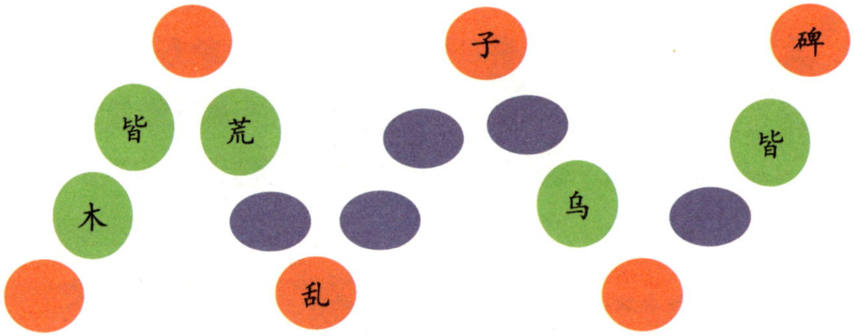

第 8 课

请问，弼马温是几品官职

光阴似箭

日月如梭

犹豫不决

风驰电掣

一马当先

望尘莫及

甘拜下风

成语故事汇

光阴似箭①，**日月如梭**②，转眼间悟空已经在天庭当了半个多月的弼马温。这一天，悟空突发奇想，想举办一场天马大赛。悟空召集来所有的马倌儿，对他们说：“咱们天天待在这御马监，无聊得很，不如来一场天马大赛。”

几个年轻的马倌儿听了非常高兴，连声答应。管事的老马倌儿却**犹豫不决**③，他劝说道：“古往今来还没有马倌儿举办天马比赛的，这要是传到玉帝的耳朵里，咱们都要吃不了兜着走。”

悟空大笑两声，说：“那玉帝老儿请我

①光阴似箭

形容时间过得很快。

近义词：白驹过隙

反义词：度日如年

②日月如梭

梭：织布时牵引纬线的工具。太阳和月亮如同穿梭似的来去。形容时间过得很快。

近义词：光阴荏苒

反义词：寸阴若岁

③犹豫不决

犹豫：迟缓。指拿不定主意。

近义词：优柔寡断

反义词：当机立断

当弼马温，在御马监你们都要听我的，我说能行就能行，谁敢阻拦？！”说完，他就带着几个年轻马倌儿兴致勃勃地挑马去了。挑好了马，悟空又叫人设好起点和终点，让老马倌儿当裁判。

随着一声令响，七匹毛色雪白的天马**风驰电掣**④般冲了出去。悟空骑着一匹高头大马嗖的一下就冲到了前面，他**一马当先**⑤，把其他马倌儿都甩在了身后。悟空一边骑马，一边冲落后的几个人喊：“这第一俺老孙拿定了。”

④风驰电掣

驰：奔跑。掣：一闪而过。像风一样奔跑，像电一样闪过。形容速度非常快。

近义词：追风逐电

反义词：蜗行牛步

⑤一马当先

策马走在最前面。形容领先，走在前列。

近义词：身先士卒

反义词：瞠乎其后

其余六个马倌儿拼命追赶，但还是**望尘莫及**⑥。悟空到了终点好一会儿，他们才赶来。悟空笑着说："跟你们这些懒倌儿比赛真是没趣。"六个马倌儿讪讪地赔笑着说："大人如惊猿脱兔，小的们**甘拜下风**⑦。"

赛马结束，悟空觉得有些饿，就和马倌儿一起摆下酒席。酒足饭饱后，悟空突然想到，自己对天庭的官职还不了解，就问道："我这弼马温是不是天庭最大的官？"一个马倌儿听了笑盈盈地说："这弼马温是咱们御马监最大的官了，可在天庭上就是一个芝麻大点儿的小官。"

悟空一听，两眼恨不得喷出火来，咬牙切齿地说道："好个玉帝老儿，竟敢戏弄俺老孙，让我做这比芝麻粒儿还小的弼马温。俺老孙在花果山被人叫大王，你竟哄我到这里养马。俺老孙不做了！"说完，悟空一把掀翻了桌子，掏出金箍棒打出御马监，来到南天门。天兵天将都不敢上前和他打斗，任由悟空冲出了南天门。

⑥望尘莫及

莫：不能。及：赶上。远远望见前面人马带起的尘土而追赶不上。比喻远远落后，相差甚远。

近义词：不可企及

反义词：迎头赶上

⑦甘拜下风

甘：情愿，乐意。下风：指在风向的下方，比喻下位、劣势。指甘心居于劣势地位。表示真心佩服，自认不如对方。

近义词：心悦诚服

反义词：不甘示弱

趣味练练

寻找关键词

将右列成语释义的关键词与左列对应的成语连起来。

波光粼粼	永不停息
一泻千里	巨大变化
奔流不息	心态镇定
湖光山色	世界各地
波澜不惊	文笔奔放
五湖四海	水面波纹
石沉大海	风景秀丽
学海无涯	再无消息
沧海桑田	学无止境

成语变字母

请根据图意，完成下面的成语接龙。

	舟		剑
不			
缓		之	
当			
	马		

	载		归
面			
风		露	
仆			

第 9 课

还是齐天大圣来得自在

滔滔不绝
智勇双全
喜出望外
闻风而至
春风得意
愤愤不平
心领神会
理所当然

成语故事汇

老猴馊馊正**滔滔不绝**[①]地给几只小猴讲故事，刚说到大王是如何英明神武、**智勇双全**[②]，就见天上闪过一道金光，隐约看到大王的身影。眨眼间，悟空已经来到馊馊面前，把金箍棒往地上一戳，高声叫道：“俺老孙回来了！”

馊馊**喜出望外**[③]，叫道：“大王怎么回来啦，您不是在天庭当官吗？”棒棒和锤锤**闻风而至**[④]，见到悟空道：“恭喜大王，在天界十多年，想必是**春风得意**[⑤]？”悟空说：“我才去了半月，怎么会是十多年？”馊馊说：“大王不知，这天上一天就是凡间一

①滔滔不绝

绝：完结。形容话很多，连续不断。

近义词：口若悬河

反义词：沉默寡言

②智勇双全

智：智谋。形容人又有智谋，又很勇敢。

近义词：大智大勇

反义词：有勇无谋

③喜出望外

望外：希望或意料之外。喜悦出乎意料。指因遇到意料之外的喜事非常高兴。

近义词：喜从天降

反义词：大失所望

年啊。”一提到天界，悟空**愤愤不平**[6]，一屁股坐到地上。馊馊**心领神会**[7]，问道：“大王是不是在外面遇到了烦心事？”

悟空道：“那玉帝老儿实在可恶，说是叫我上天庭当官，却给我封了一个芝麻大点儿的小官，让我在天上养马，这奇耻大辱我怎么能忍？俺老孙把御马监打了个人仰马翻，辞了那破官职！”众猴听了齐声说：“大王回来得正好，咱们在这花果山只认您一人做大王，大王怎能到那天庭受辱？”

众猴摆下宴席给悟空接风洗尘。就在这时，一只小猴来报：“大王，外头来了一个独角鬼王要求见大王。”悟空点点头，让小猴请他进来。那鬼王一路小跑，见到悟空就叩头跪拜。悟空问：“你找我有什么事？”鬼王说：“早就听说大王广纳贤士，一直没有机会相见。听说您从天上回来，特来给您贺喜。”

悟空喜欢结交朋友，见鬼王也是性情中人，请他一起入席，说：“老兄有所不知，那玉帝老儿给我封了个养马的小官，我怎能受他这等侮辱，就打翻了天庭回来了。”鬼

④闻风而至

风：风声，消息。听到消息，立刻就赶到。

近义词：蜂拥而至

反义词：闻风而逃

⑤春风得意

得意：称心如意。原指科考得中后得意的心情。现形容获得成功或事业顺畅时心满意足、扬扬自得的情态。

近义词：志得意满

反义词：垂头丧气

⑥愤愤不平

愤愤：很生气的样子。非常气愤，心中不服。

近义词：义愤填膺

反义词：心平气和

⑦心领神会

心、神：指思想深处。领、会：领悟，理解。心里领悟明了。

近义词：心照不宣

反义词：大惑不解

王大赞悟空有气魄，说道：“大王神通广大，就算封个‘齐天大圣’也**理所当然**[8]！”

悟空听后喜不自禁，说：“好好好！孩儿们，给我准备一杆大旗，在旗子上写下‘齐天大圣’四个字，然后挂在洞外。”小猴们跪在地上，欢喜地贺道：“恭贺大王成为齐天大圣！”

第二天，玉帝上朝，御马监的监丞启奏，说那新任弼马温因嫌官小，一路打到南天门下凡了。玉帝勃然大怒，立即命托搭天王李靖和哪吒三太子率天兵天将捉拿悟空。

⑧理所当然

当然：应当如此。从道理上讲应当这样。

近义词：天经地义

反义词：岂有此理

趣味练练练

成语九宫格

请用数字将九宫格里的成语补充完整。

（ ）分（ ）裂	（ ）死（ ）生	（ ）心（ ）意
推（ ）阻（ ）	（ ）光（ ）色	（ ）上（ ）下
（ ）仙过海	（ ）清（ ）楚	（ ）神无主

成语迷宫

从左上角的“无”字开始，沿方框顺序将下面的成语补齐。

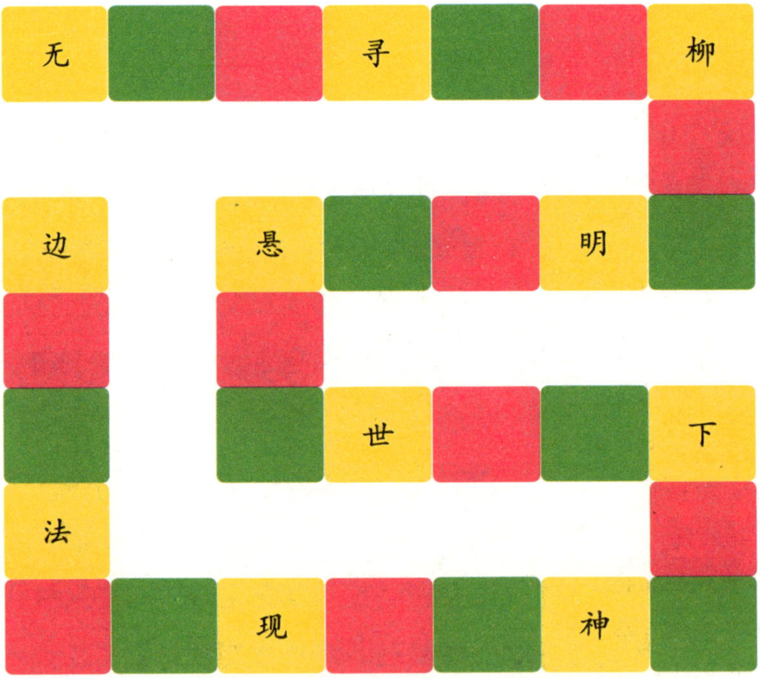

第 10 课

蟠桃宴怎能不叫我，不厚道

火急火燎
决一雌雄
自告奋勇
苦不堪言
长生不老
怒发冲冠
山珍海味
琼浆玉液

成语故事汇

李靖和哪吒率领天兵天将来到花果山。李靖派手下巨灵神去对付悟空，却没想到不一会儿的工夫，巨灵神就屁滚尿流地逃了回来。巨灵神说：“末将不是那泼猴的对手，他还自封为‘齐天大圣’！”哪吒三太子听了大怒，**火急火燎**[①]地来到水帘洞，要和悟空**决一雌雄**[②]。

悟空嘲笑哪吒年幼，本领不强。哪吒恼羞成怒，和悟空大战三十回合，最终铩羽而归。李靖率领众兵前来助阵，却不想悟空法力实在高强，无人能敌，只好灰溜溜地返回天庭。太白金星说他想出一条妙计，**自告奋**

①火急火燎

形容心情像火烧一样急迫。
近义词：心急如焚
反义词：从容不迫

②决一雌雄

比高低，定胜负。
近义词：决一死战
反义词：不分胜负

③自告奋勇

告：表白。自己主动地要求担当某项任务。

近义词：挺身而出

反义词：畏缩不前

④苦不堪言

堪：能。形容痛苦到了极点，无法用语言表达。

近义词：苦不可言

反义词：乐不可支

勇[3]去劝说悟空。

太白金星来到水帘洞。棒棒知道他没安好心，和几只小猴一起围攻他，不是挠他的头，就是揪他的胡子。太白金星**苦不堪言**[4]，连忙求饶，恳请悟空出来。悟空心中怒火难消，见了太白金星没好气儿地问道："你来找俺老孙做什么？"太白金星说明自己的来意，请悟空再上天庭任职，但这次不同以往，给他封了"齐天大圣"，让他管理蟠桃园。

悟空听说官职颇高，欣然接受，高高兴兴地去蟠桃园上任了。蟠桃园的土地公特地来迎接悟空，把他带进了桃园。悟空见园中种满了桃树，问土地公："这里有多少棵

树？”土地公说：“有三千六百棵：前边有一千二百棵，三千年一熟，人吃了能得道成仙；中间有一千二百棵，六千年一熟，人吃了会霞举飞升，**长生不老**⑤；后边有一千二百棵，九千年一熟，人吃了能寿与天齐。”此后，悟空就管理整个蟠桃园，日子过得倒也有滋有味。这天，悟空看大部分蟠桃都熟了，就想尝尝鲜，爬上树摘了几个又红又大的桃子偷吃。一连几天，悟空都到蟠桃园偷吃，大多数成熟的桃子都落入了他的肚子里。

不久，王母娘娘召开蟠桃宴，命七仙女到蟠桃园采摘蟠桃，宴请四方神仙，却没有邀请悟空。悟空**怒发冲冠**⑥，用法术定住七仙女，准备到蟠桃宴上找王母娘娘评理。路上，悟空遇见了赤脚大仙，得知他要去蟠桃宴，就施计让他先去别处，自己则变成赤脚大仙的模样参加蟠桃宴。

此时，蟠桃宴还没开始，悟空见桌子上摆放着许多**山珍海味**⑦、**琼浆玉液**⑧，便一顿胡吃海喝。大饱口福之后，他又摇摇摆摆地来到太上老君处，偷吃了些丹药，然后回花果山去了。

⑤长生不老

长期生存，永不衰老。指人长寿。

近义词：长命百岁

反义词：一命呜呼

⑥怒发冲冠

冠：帽子。愤怒得头发直竖，把帽子都顶起来。形容愤怒到了极点。

近义词：怒火冲天

反义词：眉开眼笑

⑦山珍海味

山珍：产自山里的珍异食品。指产自山里和海中的珍异食品。多指丰盛的菜肴。

近义词：山珍海错

反义词：粗茶淡饭

⑧琼浆玉液

琼：美玉。指美酒或甘美的饮料。

趣味练练练

成语接龙

请根据提示完成下面的成语接龙。

马	到		
避		身	成
三		生	取
	反	无	

成语通四方

从左上角的“承”字开始，把成语补充完整。

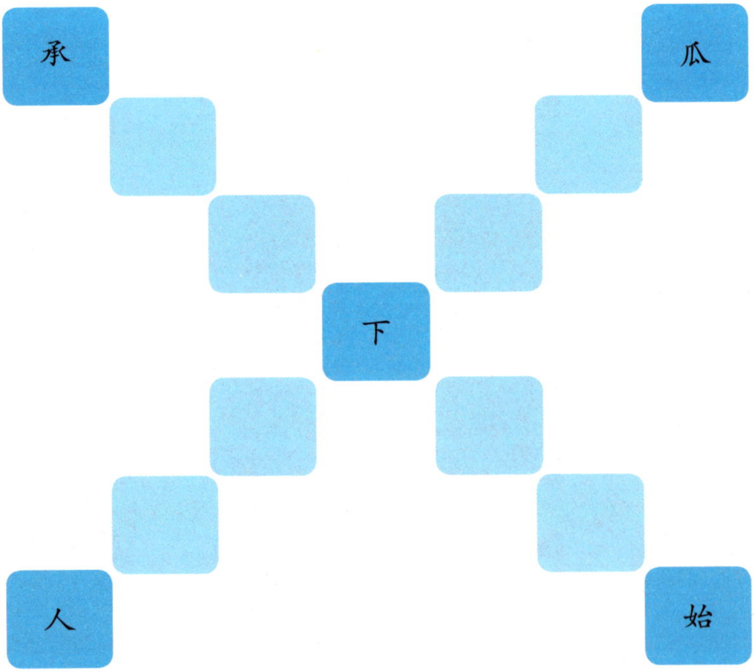

第 11 课

天兵天将乌泱泱的一大片

杯盘狼藉

不翼而飞

杳无踪迹

胆大包天

水泄不通

心急如焚

溃不成军

成语故事汇

王母娘娘的蟠桃宴开始了，众仙陆陆续续来到瑶池，却被眼前的景象吓了一跳。只见桌上**杯盘狼藉**①，几坛美酒**不翼而飞**②，七仙女也**杳无踪迹**③，现场一片混乱。

王母娘娘气得满脸通红，张口结舌地问："这——这是谁干的好事，竟敢破坏我的蟠桃宴！"此时，悟空的定身术终于解除了，七仙女急忙提着篮子向王母娘娘复命。不一会儿，赤脚大仙也来了，他奏报说："那齐天大圣实在**胆大包天**④，竟用计将我支开，变成我的模样来参加蟠桃宴。"

王母娘娘大怒，说："不除掉这妖猴，

①杯盘狼藉

狼藉：杂乱的样子。桌子的杯盘放得乱七八糟。形容宴饮时或宴饮后筵席上的杂乱情景。

近义词：杂乱无章

反义词：井然有序

②不翼而飞

翼：翅膀。没有长翅膀却飞走了。比喻言论、消息等迅速传播开来。也比喻东西突然不见了。

近义词：不胫而走

反义词：原封不动

③杳无踪迹

杳：远得不见踪影。无影踪，无痕迹。指不知去向。

近义词：杳如黄鹤

④胆大包天

形容胆子很大。

近义词：胆大妄为

反义词：胆小如鼠

难解我心头之恨！”玉帝得知后龙颜大怒，立即命四大天王协助李靖和哪吒，率领十万天兵天将前去花果山捉拿悟空。众人来到花果山，把整座山围了个**水泄不通**[5]。

⑤水泄不通

泄：排泄。连水都流不出去。形容极度拥挤或包围得严严实实。

近义词：观者如堵

反义词：畅通无阻

九曜星官首先出战。当时独角鬼王正好也在花果山，他说：“大圣不要担心，让我去会会他！”

鬼王率领一众小猴应战九曜星官，眼看不敌，孙悟空前来上阵，打得九曜星官筋疲力尽。李天王大怒，联合四大天王和哪吒一起围攻悟空。悟空一手用金箍棒抵住攻击，一手从脑后拔下一撮猴毛，叫了一声："变！"一下子变出了千百个孙悟空。天兵天将和众猴势均力敌，正打得难解难分，猴毛变化出的悟空前来助战，众猴士气大振，一鼓作气击退了众天兵。

玉帝在天上**心急如焚**[6]，想知道众仙有没有取胜，便命一个小仙到凡间探察。这时，南海观音听说众仙和一只妖猴打斗起来，也来一探究竟。不一会儿，下凡探察的小仙回来禀告："玉帝，不好啦，那妖猴实在厉害，连四大天王也奈何不了他，天兵们**溃不成军**[7]啊。"

玉帝听了大惊，说："那猴子真有这么厉害，这可如何是好？"南海观音说："玉帝可以派二郎神杨戬应战，定能擒住这泼猴。"玉帝听后，立刻派二郎神出战，命他活捉妖猴。

⑥心急如焚

焚：烧。心里急得像火烧一样。形容极其焦灼的心情。

近义词：心急火燎

反义词：不慌不忙

⑦溃不成军

溃：溃败，溃散。士兵四处逃散，不成队伍。形容惨败或因其他原因而溃散。

近义词：一败涂地

反义词：所向无敌

趣味练练

找名人补成语

将下列人物与事件连线，使其成为一个完整的成语。

精卫	填海
塞翁	移山
江郎	逐日
愚公	好龙
孟母	自荐
庖丁	舞剑
夸父	三迁
叶公	解牛
东施	失马
项庄	才尽
毛遂	效颦

成语田字格

根据图中所示，完成下面的成语接龙。

	至	如	
在		似	心
		下	一
	理	安	

第 12 课

你二郎神会变戏法，我也会

一臂之力

等闲之辈

单枪匹马

难解难分

声东击西

摇身一变

灵机一动

成语故事汇

话说二郎神带着哮天犬和梅山六兄弟到花果山助阵，见天兵天将已经溃不成军，这才知道悟空的厉害。二郎神小声对李天王说：“李天王，这妖猴法力高强，等会儿我和他交手，你在空中用照妖镜助我**一臂之力**[①]。”

二郎神手拿兵器和梅山六兄弟一起来到水帘洞门前，大喊：“妖猴出来迎战！”悟空在洞里听到有人叫嚣，以为不过是**等闲之辈**[②]，便掏出金箍棒，**单枪匹马**[③]迎战二郎神。转眼间，两人已大战三百回合，依然**难解难分**[④]。

①一臂之力

臂：手臂。指其中的一部分力量或不太大的力量。表示从旁帮忙。

近义词：乐善好施

反义词：落井下石

②等闲之辈

等闲：平常，一般。指寻常之人。

近义词：凡夫俗子

反义词：风云人物

③单枪匹马

指单独一人上阵。比喻没有帮助，单独行动。

近义词：独来独往

反义词：千军万马

④难解难分

解：解开。分：分离。指双方争吵、斗争、比赛等相持不下，难以分开或难分胜负。

近义词：相持不下

⑤声东击西

声：声张。做出姿态或口头宣称要攻打东边，实际上却攻打西边。军事上使敌人产生错觉以出奇制胜的一种战术。

近义词：虚张声势

反义词：无的放矢

⑥摇身一变

神怪小说中描写有神通的人或妖怪能用法术改变自己本来的模样。后形容人的态度、立场、身份一下子变了样。

近义词：改头换面

反义词：一成不变

两人激战正酣时，梅山六兄弟冲向猴群，小猴子们吓得东逃西窜。悟空担心众猴会有危险，忙收了法术赶去相救。二郎神见机会来了，和梅山兄弟两面夹击，准备活捉悟空。悟空叫了一声：“坏了，中了二郎神**声东击西**⑤之计，我得用变身术脱身。”说完，悟空变成一只麻雀，飞上了树梢。

二郎神睁开天眼，见悟空变成一只麻雀，**摇身一变**⑥化作一只猛鹰，抖开翅膀向麻雀扑去。悟空一看二郎神识破了自己的变化，又变成一只鹚老飞上了高空。二郎神急忙变成一只大海鹤，冲上去啄悟空。

悟空见势不妙，摇身一变化为一条鱼潜入河里，二郎神则变成鱼鹰，在水面上空盘旋，等着悟空露头。悟空又变成一条水蛇冲出水面，二郎神一瞧，赶紧变成一只朱顶灰鹤，对悟空穷追不舍。

悟空被追急了，只好逃到空旷的山间，变成一座寺庙，眼睛化作窗户、嘴巴化作庙门、牙齿化作门扇、舌头化作菩萨，可尾巴无处可藏，怎么办呢？悟空**灵机一动**⑦，把尾巴一竖，变成一根旗杆。悟空暗喜，想着等二郎神走进寺庙，就一口把他咬住。

二郎神赶到山下，不见悟空，却瞧见一座寺庙，再仔细一看，见旗杆不竖在庙前而竖在庙后，哈哈大笑起来：“哈哈，孙悟空，你休想骗我，我这就踢坏了窗户让你现身！”悟空一听，猛地跳起身来，用隐身术逃出了天兵的围困。二郎神怎么也找不到悟空，直到李天王使用照妖镜，他们才发现悟空的踪迹。

玉帝害怕二郎神无法拿下悟空，又命太上老君前去助阵。在太上老君的帮助下，众天兵终于捉住悟空，把他带回了天庭。

⑦灵机一动

灵机：灵巧的心思。形容突然间想出了办法。

近义词：急中生智

反义词：一筹莫展

趣味练练练

成语填空

根据图意，完成下面的成语填空题。

见识最短的青蛙	（ ）（ ）之蛙
最没本事的驴	（ ）驴技穷
最严重的伤	（ ）体（ ）伤
最丑陋的脸	（ ）头（ ）面
最嚣张的螳螂	螳（ ）（ ）车
最让人关心的鹿	鹿（ ）（ ）手
最奢侈的塔	（ ）（ ）之塔
最令人讨厌的老鼠	（ ）（ ）老鼠
最冤枉的鱼	（ ）（ ）池鱼
最会隐藏自己的鱼	（ ）龙（ ）杂
最令人羡慕的鹤	（ ）（ ）野鹤
最危险的羊	羊入（ ）（ ）
最会享受的狗和马	（ ）（ ）犬马

成语路路通

从左上角的“老”字开始，按顺序将成语补齐。

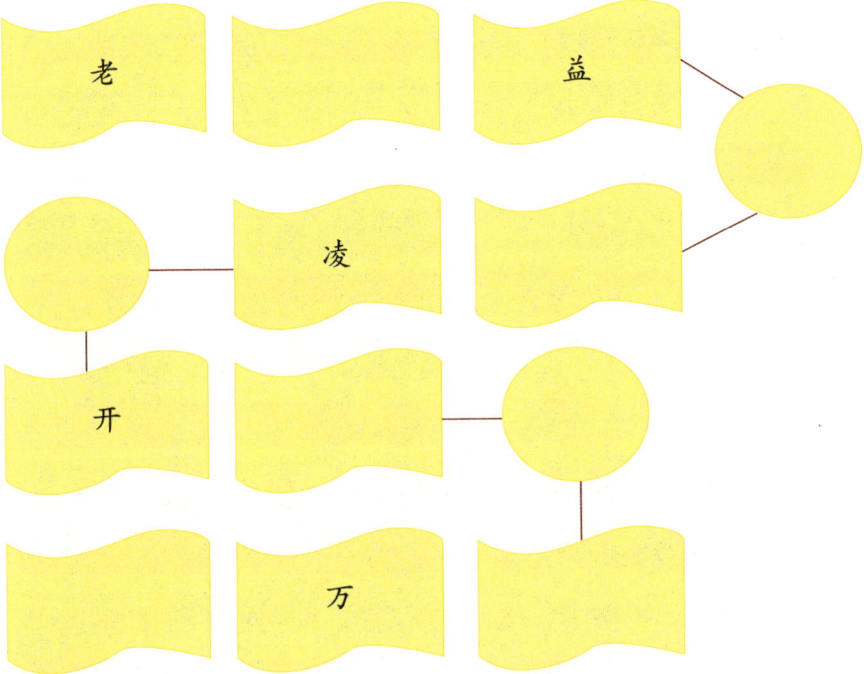

第 13 课

耍“酷”耍到天上去了

咬牙切齿

三番五次

震耳欲聋

焦头烂额

鸡犬不宁

目中无人

大放厥词

成语故事汇

回到天庭后，太上老君请求玉帝同意，把悟空关进炼丹炉里炼仙丹。经过七七四十九天的火炼，悟空不仅没有被炼成丹药，反而练就了刀枪不入的身体和“火眼金睛”。悟空冲破八卦炉，从耳朵眼里掏出金箍棒，见着东西就打。九曜星官害怕极了，关上门不敢出来；四大天王也躲到一边，天庭顿时大乱。

悟空一路打到灵霄宝殿，殿内的神仙、天兵一起对抗悟空也没能把他制服。悟空**咬牙切齿**①地说：“好你个玉帝，俺老孙没有招惹你，你却**三番五次**②羞辱我，还要把我置于

①咬牙切齿

切齿：咬紧牙齿。形容极端痛恨或仇恨。

近义词：切齿痛恨

反义词：笑逐颜开

②三番五次

三、五：概数，指次数多。番：回，遍，次。形容反复多次。

近义词：屡次三番

反义词：绝无仅有

③震耳欲聋

把耳朵震得快要聋了。形容声音极大。

近义词：震天动地

反义词：鸦雀无声

④焦头烂额

原形容头部被火烧得伤势很重。后用来比喻境遇十分窘迫难堪之状。

近义词：狼狈不堪

反义词：春风得意

死地，今天就让你知道我齐天大圣的厉害！”

只听见喊杀声**震耳欲聋**③，眼见危险迫在眉睫，玉帝急得**焦头烂额**④，只好派人去西天请如来佛祖帮忙。天兵天将奋力抵抗，终于等到如来佛到来。如来佛见天庭乱作一团，命所有人停止打斗，又唤来悟空问话。

悟空雷霆之怒未消减半分，没好气儿地说：“你是什么人？敢来多管闲事！”如来佛笑着说：“我是西方极乐世界释迦牟尼尊

者。听说你把天庭搅得**鸡犬不宁**[5]，不知你是什么时间出生，哪一年得道，为什么这样狂妄霸道？”

悟空说：“我是天生的石猴，修成了长生变化之法，在花果山过得自由自在。可那玉帝老儿几次请我到天上做官，借着做官羞辱俺老孙，俺老孙怎能容忍！俗话说：‘皇帝轮流做，明年到我家。’既然他那么想我在天上为官，我就做个玉帝逍遥逍遥！”

如来佛见这泼猴**目中无人**[6]，冷笑一声，说：“原来是猴子成精，妄想夺得玉帝的尊位。你有什么本领，竟敢**大放厥词**[7]？”悟空说：“俺老孙会七十二变，能腾云驾雾，一个跟头翻十万八千里，怎么不能当玉帝？”

如来佛笑着说：“那我和你打个赌，你要是真有本事，一个筋斗能翻得出我的手掌心，我就让玉帝把天庭让给你；要是不能，你还是下界为妖。”悟空听了欣喜若狂，想那如来的手掌不满一尺，自己肯定会赢，就答应了这个赌注。

⑤鸡犬不宁

连鸡、狗都不得安宁。形容被骚扰得很厉害。

近义词：鸡飞狗跳

反义词：鸡犬不惊

⑥目中无人

眼睛里没有别人。形容极其骄傲自大，看不起别人。

近义词：目空一切

反义词：虚怀若谷

⑦大放厥词

厥：其，他的。原指竭力铺陈辞藻。现指夸夸其谈，大发议论。

近义词：夸夸其谈

反义词：缄口无言

趣味练练练

按要求选成语

请根据要求选择成语，并填写在相应的色块上。

月明星稀	闭月羞花	成年累月	披星戴月	海底捞月
日新月异	蹉跎岁月	月朗风清	花容月貌	清风明月
花前月下	猴年马月	皓月当空	风清月白	日积月累
镜花水月	众星捧月	吟风弄月		

形容月亮的成语：

形容时间的成语：

与人有关的成语：

成语通四方

根据图意，将下面的成语补齐。

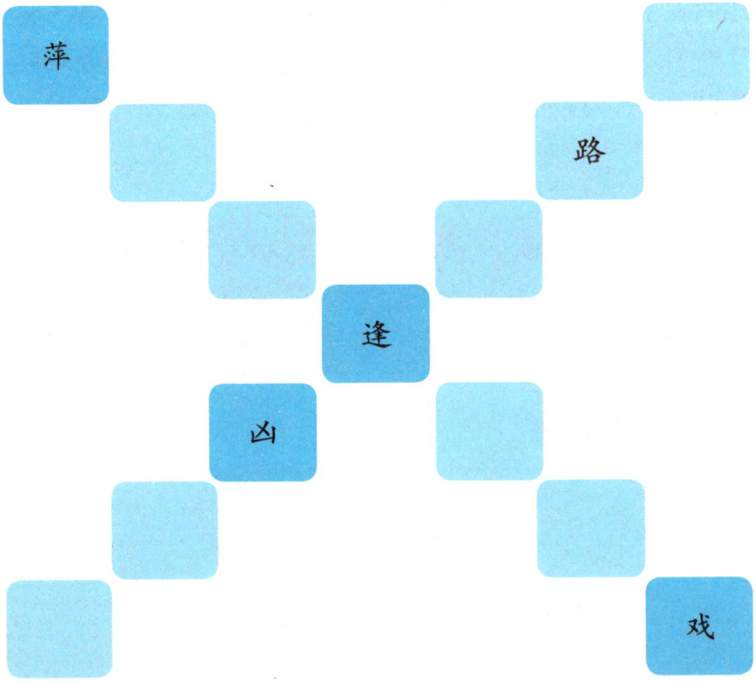

第 14 课

如来佛的手心

无影无踪
心服口服
前思后想
难以置信
瞠目结舌
度日如年
悲痛欲绝
泪如雨下

成语故事汇

话说悟空和如来佛定下赌注后就驾着筋斗云飞去，转眼消失得**无影无踪**①。飞了好一会儿，悟空突然看见五根肉红色的柱子，撑着一股青气，心想：这儿肯定就是路的尽头了，我得在这儿留下记号，好叫那如来**心服口服**②。

悟空来到柱子前，从脑后拔下一撮猴毛，扔到空中一吹，变成了一支笔。他拿起笔在一根柱子上写下一行大字——“齐天大圣到此一游”。正要走时，悟空寻思道：不行，我不能光留下几个字，要是如来叫人把字擦

①无影无踪

一点影子、一点踪迹也没有。形容消失得干干净净。

近义词：销声匿迹

反义词：有迹可循

②心服口服

服：信服。心里嘴上都信服，即真心实意地信服。

近义词：心悦诚服

反义词：愤愤不平

去耍赖皮怎么办？悟空**前思后想**[3]，又在一根柱子下撒了一泡猴尿，嬉笑着说："这下如来就没法赖账了。"然后，他驾着筋斗云又回到了天庭，站在如来佛的手心里得意地说："快叫玉帝老儿把天庭让给我吧。"

③前思后想

指反复地考虑。

近义词：左思右想

反义词：不假思索

如来佛笑说："你这泼猴，还没有离开我的手掌心呢。"悟空瞪大眼睛，一脸**难以置信**[4]，不服气地说："我已经到了天的尽头，看见五根支撑天的柱子，还在那儿留下记号，你敢跟我一起去对质吗？"如来佛笑着说："不用去，你低头看看。"悟空低头一看，

④难以置信

置信：相信。很难让人相信。

近义词：不可思议

反义词：深信不疑

顿时**瞠目结舌**[5]。原来，如来佛的中指上写着“齐天大圣到此一游”，指上还有些猴尿的臊气。

悟空觉得事有蹊跷，决定再次挑战如来佛。当悟空正要跳出去的时候，被如来佛翻掌一扑，那五根手指变成金、木、水、火、土五座山，名叫“五行山”，把悟空压在了下面。如来佛又拿出一道符咒，贴在五行山上。那山就像给悟空量身定做的一样，虽然悟空的头和手都露在外面，活动自如，可再也爬不起来了。他要是渴了、饿了，土地神就给他吃一些铁丸子，喝一些铜水。悟空真是**度日如年**[6]。

花果山的猴子猴孙们听说大王被压在五行山下，**悲痛欲绝**[7]，棒棒、锤锤准备和几只小猴去救大王。就在众猴出发之际，老猴子馊馊赶了过来，对棒棒和锤锤说：“大王如今被压在五行山下，和花果山隔着千山万水，咱们这些凡夫俗子怎能救得了他，你们就不要给大王添乱了。”棒棒和锤锤觉得馊馊说得在理，但想到自己不能替大王出力，不由**泪如雨下**[8]。

⑤瞠目结舌

结舌：舌头动不了。瞪着眼睛说不出话来。形容受窘或惊呆的样子。

近义词：目瞪口呆

反义词：神色自若

⑥度日如年

度：过。过一天像过一年那样长。形容日子难熬。

近义词：一日不见，如隔三秋

反义词：白驹过隙

⑦悲痛欲绝

绝：气绝，指断气。悲伤得快要断气了。形容伤心到了极点。

近义词：痛不欲生

反义词：乐不可支

⑧泪如雨下

眼泪像雨水一样直往下流。形容极其悲伤或深受感动的样子。

近义词：泪如泉涌

反义词：笑逐颜开

趣味练练练

成语接龙

根据图意，将下面的成语补充完整。

	茧	自	
排		之	鸡
众		论	纷
来		至	

成语排排行

根据图意，将下面的成语补齐。

	一		足		
	二		门		
	三		四		
	四		八		
	五			六	

第 15 课

师父，快来救救我

白驹过隙

民不聊生

德高望重

神通广大

跋山涉水

飞沙走石

魂飞魄散

成语故事汇

白驹过隙①，转眼五百余年过去了。这天，如来佛在灵山的大雷音寺讲经说法，见到处**民不聊生**②，决定寻找一位**德高望重**③的高僧到西天取得真经，普度众生，教化百姓。观音菩萨自动请缨去寻找这位高人。如来佛取出袈裟、九环锡杖和三个金箍交给观音菩萨，说："袈裟和九环锡杖可保取经人不遭毒害。三个金箍叫作紧箍咒，取经途中要是遇到**神通广大**④的妖魔，可劝他改邪归正。把这金箍套在他头上，要是那妖孽不听话，念起咒语，他就会头痛欲裂，不得不听话了。"

观音菩萨云游四海，终于在大唐国找到

①白驹过隙

白驹：白色的骏马，比喻日影。隙：空隙。形容时间过得很快，就像骏马在细小的缝隙前飞快地驰过一样。

近义词：乌飞兔走

反义词：度日如年

②民不聊生

聊：依靠，凭借。生：生活。百姓没法生活下去。形容生活极端困苦。

近义词：生灵涂炭

反义词：国泰民安

③德高望重

望：声望。品德高尚，声望很高。

近义词：年高德劭

反义词：人微言轻

了金蝉子转世的玄奘，便将袈裟和锡杖赐给了他，让他前去西天取经。因为玄奘的法号叫唐三藏，所以人们都叫他唐僧。此后，唐僧**跋山涉水**[5]，奔赴万里，只为取得真经。

一天，唐僧来到一座山下，忽遇**飞沙走石**[6]，听见不远处传来凄惨的哀号声。唐僧大着胆子循声而来，看见山下压着一只灰头土脸的猴子。那猴子见了唐僧，立马叫道："师父，救救我啊，师父！"唐僧见那猴子会说人话，吓得**魂飞魄散**[7]，又听他叫自己师父，心中疑虑，就走上前去，问道："你为什么叫我师父？"悟空说："你可是要去西天取经的唐三藏？"唐僧说："我是，你是何人？"

那猴子一听激动不已，连忙说："我是五百年前大闹天宫的齐天大圣，被如来佛压在这里。前些日子观音菩萨说你会路过这里，让我做你的徒弟，保护你去西天取经。师父，快救我出来！"唐僧喜出望外，赶紧救出了悟空。悟空背着行囊，唐僧骑着马，师徒二人开始赶路。

④神通广大

佛教用语。神通：神秘莫测的能力。原指神仙法力无边。后形容本领极大，办法极多。

近义词：三头六臂

反义词：黔驴技穷

⑤跋山涉水

跋山：翻山越岭。涉水：蹚水过河。形容长途远行的艰辛劳苦。

近义词：翻山越岭

反义词：一路顺风

⑥飞沙走石

沙尘飞扬，石块滚动。形容风势猛烈。

近义词：天黑地昏

反义词：风和日丽

⑦魂飞魄散

吓得魂魄都飞散了。形容惊恐万分。

近义词：魂不附体

反义词：临危不惧

走了没多大一会儿，忽然一只大老虎猛扑过来，悟空挥起金箍棒重重打在老虎头上，老虎一下就被打死了，惹得唐僧惊叹不已。悟空剥了虎皮，做了一件小虎皮裙穿在身上。

趣味练练练

成语菱形镜

根据图意，按逆时针方向完成下面的成语接龙。

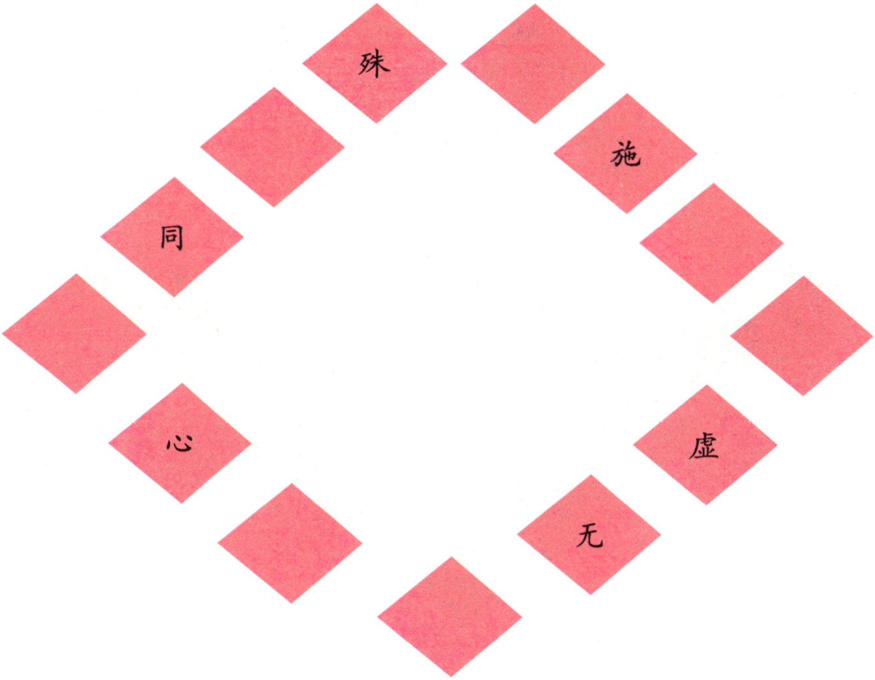

成语大接龙

根据图意，完成下面的成语接龙。

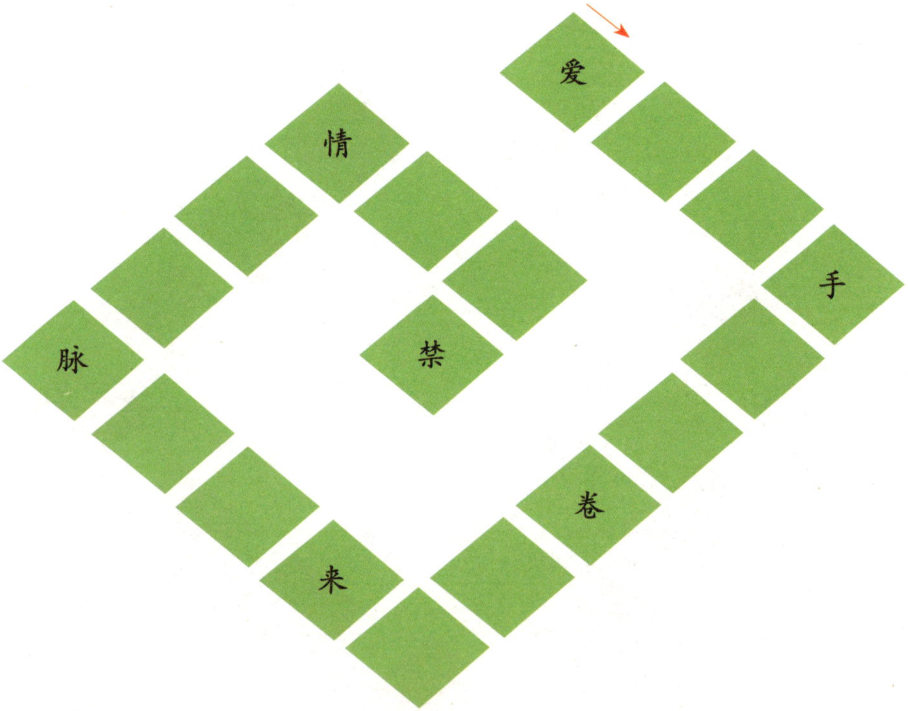

第 16 课

摘不下来的金箍

荒无人烟

狂妄自大

苦口婆心

垂头丧气

执迷不悟

肺腑之言

死心塌地

成语故事汇

唐僧师徒二人赶了几天路，来到一个**荒无人烟**[1]的地方。突然，一伙强盗从草丛里冲了出来，带头的人哈哈大笑说：“原来是个秃头和尚，快把值钱的东西交出来，否则休怪我不客气！”悟空见这伙强盗如此**狂妄自大**[2]，盛怒之下把强盗头子打死了。唐僧说：“悟空，你怎么能不分青红皂白就把人打死？我们是出家人，要有一颗宽容慈悲的心啊！”唐僧**苦口婆心**[3]地劝说，悟空却觉得他十分唠叨，驾着筋斗云撇下唐僧独自逍遥去了。

①荒无人烟

人烟：住户的炊烟，泛指人家。偏僻荒凉，没有人居住的痕迹。

近义词：人迹罕至

反义词：人烟稠密

②狂妄自大

狂妄：极端地自高自大。形容放纵骄恣，自高自大。

近义词：妄自尊大

反义词：谦虚谨慎

③苦口婆心

苦口：不辞烦劳地反复恳切规劝。婆心：像老婆婆一样慈善的心肠。形容善意而又耐心地再三劝导。

近义词：语重心长

反义词：冷嘲热讽

④垂头丧气

低着脑袋，无精打采。形容失意、萎靡不振的样子。

近义词：灰心丧气

反义词：趾高气扬

唐僧见徒儿弃自己而去，**垂头丧气**[4]地收拾行李。这时，观音菩萨现身了，送给唐僧一套衣帽和一本经书，并告诉唐僧：“那泼猴会回来的，等他回来你把这套衣帽给他，再念这本经书，他就不敢不听话了。”

不久，悟空果然迷途知返，还高兴地穿戴上新衣帽。唐僧念起咒语，悟空顿时

头痛欲裂，在地上打滚，连声求饶："师父，徒儿知错了，徒儿知错了！饶了徒儿吧，师父！"唐僧以为悟空是真心悔过，就停止念咒。悟空觉得头不疼了，心里不服，于是抡起金箍棒要打师父。唐僧见这泼猴**执迷不悟**⑤，又念起紧箍咒。

悟空在地上连滚带爬，拼命用手撕扯头上的帽子。帽子被撕了个粉碎，可金箍依然牢牢地套在头上。悟空这才明白，这金箍是用来束缚自己的，便哀求师父不要再念咒了。唐僧说："悟空，你可知错？"悟空泪眼婆娑，摇摇晃晃地从地上爬了起来，说："徒儿知错，徒儿悔过，请师父原谅。"

唐僧见悟空句句都是**肺腑之言**⑥，决定相信悟空。悟空获得了师父的原谅，再也不敢欺辱师父，从此**死心塌地**⑦地保护师父去西天取经。

⑤执迷不悟

执：坚持，固执。迷：迷惑，分解不清。悟：觉悟。坚持错误，一直不觉悟。

近义词：至死不悟

反义词：悬崖勒马

⑥肺腑之言

肺腑：内心。指发自内心的真诚话语。

近义词：由衷之言

反义词：欺人之谈

⑦死心塌地

形容已下决心，不做别的打算。

近义词：执迷不悟

反义词：回心转意

趣味练练练

玩转成语

根据图意，完成下面的成语接龙。

	虎	难	
		不	落
故	知		
	上	作	

成语大迷宫

根据图意，完成下面的成语迷宫。

	不	成	
灵		洪	如
			慧
柱			

第 17 课

大水冲了龙王庙

前因后果

老实巴交

风平浪静

仪表堂堂

神出鬼没

鱼目混珠

守株待兔

成语故事汇

一晃几个月过去了。这天，悟空背着行李，唐僧骑着白龙马，二人一前一后赶路，忽见一个少年神色慌张地跑了过来。悟空拦住他问："这是什么地方，你怎么走得这么匆忙？"少年见悟空长得惊世骇俗，不敢说谎："这是高老庄，三年前我们这儿来了一个妖精，强娶了高员外的女儿，我是前去请法师降妖的。"

悟空哈哈大笑，告诉少年自己有一身好本事，愿意前去降妖。唐僧师徒来到高员外家，高员外见了悟空，埋怨少年说："我叫你去请法师除妖，怎么请来了一个吓死人的雷公？"悟空嬉笑两声，说："员外别怕，俺老孙长得是丑，可本事却大着呢，你就放心好了。"

高员外将**前因后果**[1]说了一遍。原来，三年前，高老庄来了一个**老实巴交**[2]的青年，娶了自己的小女儿。女婿姓猪，没有父母，不过手脚麻利，干活也勤快。这日子过得原本**风平浪静**[3]，可没过多久，**仪表堂堂**[4]的女婿却变成了一个丑陋无比的怪物，变得**神出鬼没**[5]，还囚禁了自己的女儿。高员外没有办法，这才想请得道高僧施法除他。

①前因后果

因、果：佛教用语，指事物的因缘与果报。后泛指事情的起因和结果。

近义词：来龙去脉

反义词：一知半解

②老实巴交

形容人老实、本分。

反义词：老谋深算

③风平浪静

水面没有风浪，十分平静。也比喻平安无事。

近义词：河清海晏

反义词：风起云涌

④仪表堂堂

形容男子容貌端正，风度不俗。

近义词：相貌堂堂

反义词：獐头鼠目

⑤神出鬼没

本谓用兵神速，变化莫测。也形容行动迅速，变化多端，不可捉摸。

近义词：出没无常

反义词：按兵不动

当晚，悟空救出高员外的小女儿，又摇身变成她的模样，来了个**鱼目混珠**[6]。不一会儿，一个肥头大耳的妖精出现了。悟空躲在房间里**守株待兔**[7]，很快就制服了那个妖精。那妖精被制服后，看见唐僧脱口就叫师父。唐僧一问才知道，这妖精受观音菩萨点化，命他拜唐僧为师。唐僧便收他为徒，并给他取名为猪八戒。

第二天，师徒三人离开高老庄，继续向西走去。路上听人说附近的流沙河住着一个妖怪，唐僧就让悟空和八戒前去降妖，帮百姓渡过危难。悟空和八戒来到流沙河大闹一场，终于引出了水妖。三人大战良久，那水妖听说两人是护送唐僧去西天取经的，赶紧收手，说：“别打啦，这是大水冲了龙王庙——一家人不认一家人！”

原来，那水妖原为天上的卷帘大将，同样受观音菩萨点化，也是保护唐僧去西天取经的。就这样，唐僧也收他为徒，给他取名悟净，四个人一起前往西天取经。

⑥鱼目混珠

混：冒充。拿鱼眼睛假冒珍珠。比喻以假乱真。

近义词：滥竽充数

反义词：黑白分明

⑦守株待兔

株：树桩子。比喻死守狭隘的经验，不知变通。也比喻妄想不通过主观努力而侥幸得到意外的收获。

近义词：刻舟求剑

反义词：见机行事

趣味练练

成语接龙

根据图意，完成下面的成语接龙。

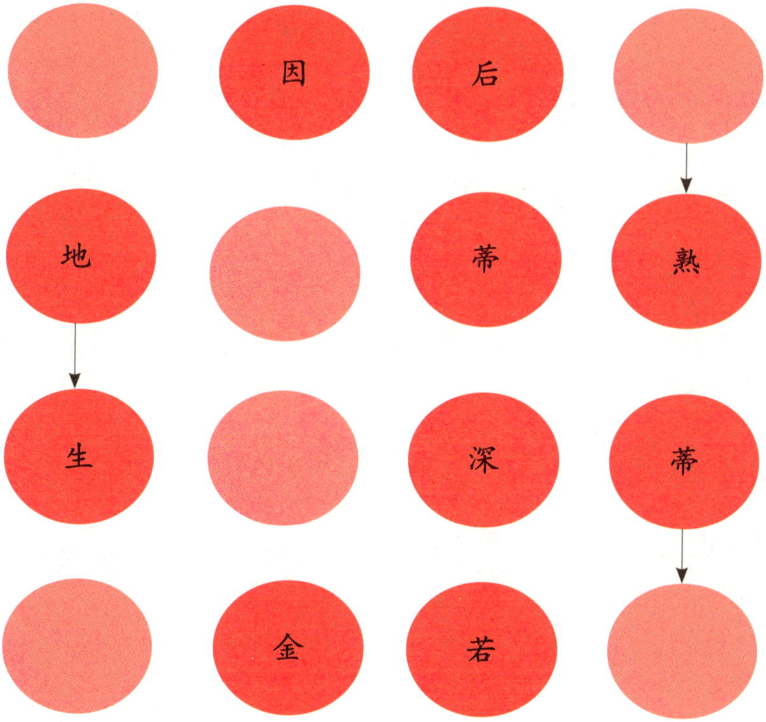

成语万花筒

根据图意，把下面的成语补充完整。

第 18 课

五庄观偷吃人参果

餐风宿露

战战兢兢

囫囵吞枣

隔墙有耳

道貌岸然

鸡鸣狗盗

东窗事发

成语故事汇

取经路上，师徒四人**餐风宿露**[①]。这一天，他们路过五庄观，想到观里休息一晚。道观里的观主镇元子是个神仙，他刚好出去讲道了，只留下明月、清风两个小徒弟看家。两个道童见是唐僧师徒，就请他们到观里休息。

五庄观内种了一棵人参果树，这棵树三千年一开花，一万年才结三十个人参果。人参果的模样就像一个小娃娃，只要吃上一个就能活四万七千年。唐僧师徒进到观里休息，两个道童拿来两个人参果给唐僧品尝。唐僧见那果子长着一张娃娃脸，吓得连声道：“善哉，善哉。”边说边**战战兢兢**[②]地

①餐风宿露

在风里吃饭，在露天睡觉。形容旅途或野外生活的艰苦劳累。

近义词：草行露宿

②战战兢兢

战战：恐惧发抖的样子。

兢兢：小心谨慎的样子。

形容非常恐惧、小心谨慎的样子。也形容因害怕或寒冷而颤抖的样子。

近义词：诚惶诚恐

反义词：胆大妄为

往后躲。道童只好把果子拿了出去，见唐僧不吃就自己把果子吃了。

八戒碰巧看见了这一幕，就对悟空说：“猴哥，你本领高强，去弄几个果子尝尝鲜。”悟空来到后院，问了土地神摘果子的方法，摘下果子去找八戒和悟净。八戒馋得直流口水，一拿到果子，就**囫囵吞枣**[3]地吃了个精光，什么味儿也没尝出来。于是，他缠着悟空再弄几个来。

③囫囵吞枣

囫囵：整个儿。把整个枣子吞咽下去。比喻不加分析思考地笼统接受，不求甚解。

近义词：生吞活剥

反义词：含英咀华

俗话说**隔墙有耳**[4]，八戒的话正好被两个道童听见了。明月和清风十分生气，跑到唐僧面前道：“好你个**道貌岸然**[5]的家伙，师父让我们打两个果子款待你，你倒好，装出一副慈悲模样不肯吃果子，背后却叫你的徒弟做那些**鸡鸣狗盗**[6]的事情。”唐僧一脸茫然，只好叫来三个徒弟对质。悟空见**东窗事发**[7]，就承认了偷果子的事。谁知，两个道童骂得更狠了。悟空一怒之下，施了个分身术，偷偷把人参树推倒，人参果一落地都化进泥土里不见了。

这事传到了镇元子耳朵里，他赶紧回到五庄观。看见自己细心照料的果树被毁，镇元子痛心疾首，将唐僧师徒骂了个狗血淋头，又施法困住了四人。悟空见难以脱身，只好请来观音菩萨化解困境。菩萨一听，知道悟空犯了大错，施法救活了人参树。镇元子见果树复活，十分高兴，大方地送给唐僧师徒几个人参果吃，又和悟空拜了把子，结为兄弟。

④隔墙有耳

墙外有人偷听。比喻秘密容易泄露。

近义词：走漏风声

⑤道貌岸然

道貌：正经、严肃的外貌。岸然：严肃的样子。形容神态严肃庄重。后也用于讥讽人故作正经，表里不一的样子。

近义词：一本正经

反义词：嬉皮笑脸

⑥鸡鸣狗盗

比喻低贱卑下的技能或行为，也指有这种技能或行为的人。

近义词：鼠窃狗盗

反义词：屠龙之技

⑦东窗事发

发：暴露。比喻阴谋、罪行败露或秘密被发觉。

近义词：走漏风声

反义词：秘而不宣

趣味练练

成语接龙

根据图意，完成下面的成语接龙。

		之	
然		外	容
心	心		笑
	人		

成语通四方

根据图意，把成语补充完整。

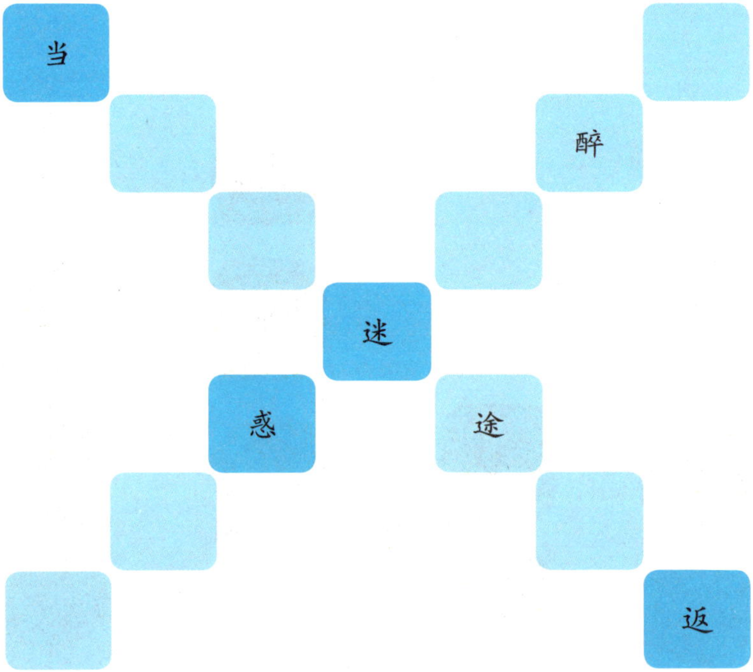

第 19 课

他是假的，我才是真的

翻山越岭

逃之夭夭

冷嘲热讽

大吃一惊

如出一辙

面面相觑

异口同声

成语故事汇

这一天，师徒四人**翻山越岭**[①]，早已饥渴难耐，急着找户人家化缘填饱肚子。岂料一伙儿强盗突然出现捆住了唐僧。悟空打死了两个头目，其他盗贼吓得**逃之夭夭**[②]。

唐僧虽然获救，却因悟空杀了人而生气，埋怨了悟空好一阵后才和徒弟们到一户人家投宿。万万没想到，这户人家的儿子就是白天的盗贼之一，他惦记着给头目报仇，想伺机杀了唐僧，被悟空察觉，一棒子打死了他。唐僧十分生气，说：“你这猴子好没人情，你走吧，以后不要再叫我师父。”悟空心里十分委屈，驾着筋斗云

①翻山越岭

翻越过一座又一座山岭。形容长途跋涉的艰辛。

近义词：跋山涉水

反义词：一马平川

②逃之夭夭

原为“桃之夭夭”，形容艳丽盛开的桃花。后来借“桃”谐“逃”音，借作逃跑的诙谐说法。现指逃跑或溜走。

近义词：溜之大吉

反义词：插翅难飞

飞去南海，把事情的经过一五一十地告诉了菩萨。菩萨留悟空住在南海，打算等唐僧消了气再替悟空求情。

再说唐僧赶走了悟空，三个人没精打采地走了半天。唐僧觉得口渴，就让八戒和悟净去弄些水来。正在唐僧等得口干舌燥时，“悟空”出现了，他对唐僧**冷嘲热讽**[3]一番后，一拳把唐僧打昏，抢了包袱驾云离开。

八戒和悟净打水回来，看见师父倒在地上，一问才知道是“大师兄”打伤了师父。八戒气不过，就跑到南海找菩萨告状。菩萨说：“不要冤枉悟空，他一直待在我这儿，怎么会打伤唐僧？”八戒说：“我没有骗人，我之前去了花果山，大师兄就在那儿。”悟空**大吃一惊**[4]，连忙驾云赶到花果山，那里果然有一个“悟空”。

③冷嘲热讽

指用尖刻、辛辣的语言进行讽刺和嘲笑。

近义词：冷言冷语

反义词：语重心长

④大吃一惊

形容对发生的事没有准备，感到很惊讶的样子。

近义词：大惊失色

反义词：泰然自若

看着两个一模一样的美猴王，小猴子们惊呆了，谁也不知道怎么回事。棒棒和锤锤绕着两个悟空走了几圈，呆呆地说：“怎么会有两个大王？”老猴子馊馊还以为自己眼花了，一个劲儿揉眼睛。

两个悟空一见面就打了起来，一边打一边嚷嚷着：“你是假的，我是真的！”他们打到菩萨面前，菩萨念起紧箍咒，两个悟空一齐在地上打滚。菩萨说：“这两个悟空模样一样，本事一样，就连动作也**如出一辙**[5]，我实在分辨不出。”

两个悟空又来到玉帝和众仙面前，众仙**面面相觑**[6]，谁也看不出端倪。无奈之下，众仙只好请如来佛出手相助。两个悟空见到如来佛，**异口同声**[7]地喊道：“他是假的，我才是真的孙悟空！”如来佛说：“这个假悟空是六耳猕猴变化的。”六耳猕猴见自己被如来佛识破，想要驾云逃走，却被如来佛用金钵罩住。悟空恨得牙根痒痒，举起金箍棒将六耳猕猴打死了。

悟空和唐僧之间的误会烟消云散，师徒四人重归于好，重新踏上了取经之路。

⑤如出一辙

辙：车轮碾过的痕迹。像出自同一个车辙。形容两种事物非常相似或完全一样。

近义词：一模一样

反义词：截然不同

⑥面面相觑

觑：看，窥视。你看我，我看你，相互对着看。后形容惊惧、紧张、尴尬或束手无策的样子。

⑦异口同声

不同的人说出同样的话。形容众口一词。

近义词：众口一词

反义词：众说纷纭

趣味练练

成语接龙

根据图意，完成下面的成语接龙。

缘	→		→	求	→	
						↓
乱	←		←	混	←	龙
↓						
无	→		→	台	→	杨
						↓
	←	花	←	暗	←	

成语大连接

根据图意，完成下面的成语。

第 20 课

斗战胜佛是怎样炼成的

喜之不胜

笑容可掬

热泪盈眶

忍俊不禁

津津有味

五体投地

安居乐业

成语故事汇

话说唐僧师徒走了千万里路，途经天竺国，又路过铜台府，眼看离目的地越来越近。一路上，只见琪花瑶草，古柏苍松，家家向善。又走了几天，他们看见远处高山耸立，山脚下一片高楼，祥云缭绕、瑞气纷纷。

所谓皇天不负有心人，师徒四人终于来到了灵山，唐僧**喜之不胜**①。这时，一位**笑容可掬**②的仙人前来迎候他们。唐僧师徒跟着仙人来到观内，沐浴更衣后就在观内休息。第二天，唐僧和三个徒弟穿上袈裟，登上灵山，终于修成正果。

如来佛听说唐僧来了，非常高兴，下令

①喜之不胜

形容高兴得不得了。

近义词：心花怒放

反义词：愁肠百结

②笑容可掬

掬：用手捧起。形容一个人满面笑容的样子。

近义词：喜笑颜开

反义词：凶神恶煞

召见唐僧师徒，把经书传给唐僧，希望他能普度众生，劝人向善。唐僧收好经书，和三个徒弟一起回到大唐传授经文。传授佛经后，八大金刚又接唐僧师徒四人和白龙马回到了灵山。

到了灵山后，如来佛封唐僧为旃檀功德佛，悟空为斗战胜佛，八戒为净坛使者，沙僧为金身罗汉，白龙马为八部天龙马。悟空得道成佛后，头上的金箍也消失不见了，他高兴得一蹦三尺高，随后一个筋斗就回到了花果山。

馊馊听说大王修成正果，带着猴子猴孙们出来欢迎。悟空见到众猴，激动得**热泪盈眶**[3]。一群小猴围绕在悟空身边，欢喜地说："大圣爷爷，给我们讲讲您西天取经的故事吧。"小猴一副好奇的模样，让悟空**忍俊不禁**[4]，连声答应。

悟空追随唐僧一路西行，斩杀了无数妖魔鬼怪，打败了黑熊怪，与金角、银角妖怪斗智斗勇，战胜了红孩儿，围剿了蜘蛛精和蝎子精，还降伏了狮驼洞的三个妖怪，一路斩妖除魔，历经千辛万苦，护送师父到灵山

③热泪盈眶

盈：充盈，充满。眶：眼眶。激动得眼泪充满了眼眶。形容非常激动的心情。

近义词：百感交集

反义词：无动于衷

④忍俊不禁

忍俊：含笑。不禁：不能自制，止不住。忍不住要发笑。

近义词：喜不自胜

反义词：悲不自胜

取得真经，修成正果。

小猴们听得**津津有味**⑤，个个对悟空佩服得**五体投地**⑥。悟空看着猴子猴孙们**安居乐业**⑦，就把花果山交给馊馊、棒棒、锤锤和长臂猴等众猴打理，自己继续修行去了。

⑤津津有味

津津：兴趣浓厚的样子。形容趣味很浓或很有滋味。

近义词：津津乐道

反义词：味同嚼蜡

⑥五体投地

佛教中最恭敬的礼节，指两肘、两膝和额头一起着地。后用来比喻钦佩到极点。

近义词：心悦诚服

反义词：不屑一顾

⑦安居乐业

安定地居住着，愉快地从事自己的工作。形容人民生活安乐幸福。

近义词：物阜民安

反义词：颠沛流离

趣味练练

选字补成语

选用下列几个字，将成语补充完整。

星 日 月 天 地

一		半	点	披		戴	月		荒		老
	经		义		动	山	摇	江	河		下
光	天	化		闭		羞	花	悲		悯	人
国	色		香		上	三	竿	冰	壶	秋	
	理	不	容	夜	以	继		寥	若	晨	
	落		沉	斗	转		移	吉		高	照
	罗	棋	布	颜	面	扫					

成语数字 6

根据图意补充成语，完成数字“6”。

“趣味练练练”参考答案

第 1 课

成语接龙　P5

误打误撞　撞头磕脑　脑满肠肥　肥田沃地

成语连连看　P6

呕心沥血　血气方刚　刚柔相济　济世之才　才高八斗　斗转星移　移花接木
木已成舟　舟车劳顿　顿足不前　前车之鉴　鉴貌辨色　色厉内荏

第 2 课

成语接龙　P11

飞黄腾达　达人知命　命在旦夕　夕阳西下

成语连连看　P12

不慌不忙　忙里偷闲　闲言碎语　语重心长　长歌当哭

第 3 课

选字补成语　P17

湖光山色　名山大川　海誓山盟　刀山火海　气吞山河　荒山野岭
山清水秀　大好河山　排山倒海　恩重如山　江河日下　血流成河

近义词连线　P18

花容月貌——闭月羞花　花团锦簇——姹紫嫣红　繁花似锦——万紫千红　五花八门——形形色色
火树银花——张灯结彩　风花雪月——花前月下　明日黄花——时过境迁

第 4 课

成语接龙　P23

奇货可居　居心不良　良药苦口　口是心非　非同小可

根据成语猜相关名人　P24

目无全牛——庖　丁　老马识途——管仲　首鼠两端——韩安国
闻鸡起舞——祖　逖　风声鹤唳——谢玄　心有灵犀——李商隐
痛饮黄龙——岳　飞　狡兔三窟——冯谖　沐猴而冠——项　羽
鸡鸣狗盗——孟尝君　凿壁偷光——匡衡　指鹿为马——赵　高

第 5 课

成语判断题　P29

1. ✓　2. ✓　3. ×　4. ×　5. ✓　6. ×　7. ✓　8. ✓　9. ×　10. ✓

填数字猜成语　P30

勇冠三军　约法三章　身怀六甲　七擒七纵　接二连三　五湖四海
南柯一梦　入木三分　三人成虎　八仙过海　二八佳人　四面楚歌

第 6 课

填数字补成语　P35

十室九空　三阳开泰　莫衷一是　七步之才　两面三刀　八面受敌　六合之内
九九归一　九五之尊　十拿九稳　三言两语　进退两难　四分五裂　五彩斑斓

成语顺时针　P36

人山人海　海阔天空　空前绝后　后继有人

第 7 课

成语接龙　P41

点石成金　金戈铁马　马革裹尸　尸位素餐　餐风宿露

成语大排队　P42

草木皆兵　兵荒马乱　乱臣贼子　子虚乌有　有口皆碑

第 8 课

寻找关键词　P47

波光粼粼——水面波纹　一泻千里——文笔奔放　奔流不息——永不停息
湖光山色——风景秀丽　波澜不惊——心态镇定　五湖四海——世界各地
石沉大海——再无消息　学海无涯——学无止境　沧海桑田——巨大变化

成语变字母　P48

刻舟求剑　刻不容缓　缓兵之计　缓步当车　车马劳顿
满载而归　满面春风　风餐露宿　风尘仆仆

第 9 课

成语九宫格　P53

四分五裂　九死一生　三心二意
推三阻四　五光十色　七上八下
八仙过海　一清二楚　六神无主

成语迷宫　P54

无迹可寻　寻花问柳　柳暗花明　明镜高悬　悬壶济世
世风日下　下笔如神　神气活现　现身说法　法力无边

第 10 课

成语接龙　P59

马到成功　功成身退　退避三舍　舍生取义　义无反顾

成语通四方　P60

承欢膝下　瓜田李下　下里巴人　下车伊始

第 11 课

找名人补成语 P65

精卫填海　愚公移山　夸父逐日　叶公好龙　毛遂自荐　项庄舞剑
孟母三迁　庖丁解牛　塞翁失马　江郎才尽　东施效颦

成语田字格 P66

宾至如归　归心似箭　箭在弦上　上下一心　心安理得

第 12 课

成语填空 P71

井底之蛙　黔驴技穷　遍体鳞伤　牛头马面　螳臂当车　鹿死谁手　象牙之塔
过街老鼠　殃及池鱼　鱼龙混杂　闲云野鹤　羊入虎口　声色犬马

成语路路通 P72

老当益壮　壮志凌云　云开见日　日理万机

第 13 课

按要求选成语 P77

形容月亮的成语：月明星稀　月朗风清　清风明月　皓月当空　风清月白
形容时间的成语：成年累月　日新月异　蹉跎岁月　猴年马月　日积月累
与人有关的成语：闭月羞花　披星戴月　海底捞月　花容月貌　花前月下
镜花水月　众星捧月　吟风弄月

成语通四方 P78

萍水相逢　狭路相逢　逢凶化吉　逢场作戏

第 14 课

成语接龙　P83

作茧自缚　缚鸡之力　力排众议　议论纷纷　纷至沓来

成语排排行　P84

不一而足　不二法门　说三道四　四面八方　过五关斩六将

第 15 课

成语菱形镜　P89

殊途同归　归心似箭　箭无虚发　发号施令

成语大接龙　P90

爱不释手　手不释卷　卷土重来　来龙去脉　脉脉含情　情不自禁

第 16 课

玩转成语　P95

骑虎难下　下落不明　明知故犯　犯上作乱

成语大迷宫　P96

泣不成声　声如洪钟　钟灵毓秀　秀外慧中　中流砥柱

第 17 课

成语接龙　P101

前因后果　果熟蒂落　落地生根　根深蒂固　固若金汤

成语万花筒　P102

春花秋月　月黑风高　高傲自大　大地回春

第 18 课

成语接龙　P107

怦然心动　动人心弦　弦外之音　音容笑貌

成语通四方　P108

当局者迷　纸醉金迷　迷惑不解　迷途知返

第 19 课

成语接龙　P113

缘木求鱼　鱼龙混杂　杂乱无章　章台杨柳　柳暗花明

成语大连接　P114

容光焕发　发人深省　省吃俭用　用武之地

第 20 课

选字补成语　P119

一星半点　披星戴月　天荒地老　天经地义　地动山摇　江河日下
光天化日　闭月羞花　悲天悯人　国色天香　日上三竿　冰壶秋月
天理不容　夜以继日　寥若晨星　月落星沉　斗转星移　吉星高照
星罗棋布　颜面扫地

成语数字 6　P120

夜郎自大　大智若愚　愚公移山　山清水秀　秀色可餐　餐风宿露